부자들의 시스템

Money=x^2

부자들의 시스템

Money=x^2

민성원 지음

서문

인생의 일기예보

　세상일은 단순하다. 원인이 있으면 결과가 있고 결과를 바꾸려면 방법부터 바꾸어야 한다. 밥을 먹지 않으면 배가 고프며 잠을 자지 않으면 졸립다. 배가 고플때는 우선 밥을 먹어야 하고 졸리면 자야 문제가 해결된다. 배고픈 이유, 졸린 이유를 다른데서 찾아봐야 해답은 나오지 않는다.
　우리의 미래도 마찬가지다. 현재를 보면 미래를 알 수 있다. 많은 사람들이 열심히 살아가지만 열심히 일하는 만큼의 성과를 내지는 못한다. 열심히 일하지 않는 사람이 가난한 것은 할 수 없지만 무언가 열심히 일하고 있는데 부자가 되지 못하는 것은 방법이 틀렸든지 시스템이 잘못된 곳에서 열심히 일하기 때문일 것이다.

루트($\sqrt{}$)라는 부호가 있다. 이 안에는 커다란 숫자가 들어가도 작아져서 나온다. 다시말해 비효율적인 시스템인 것이다. 그러나 엑스제곱(x^2)은 숫자가 들어가면 더욱 커져 나오는 효율적인 시스템이다.

이 책에서는 루트엑스($\sqrt{x}$)와 엑스제곱(x^2)의 원리를 적용시켜 우리의 삶을 알아보고자 한다.

대부분의 직장인들은 얼마나 원하는 일을 하며 원하는 만큼의 소득을 받고 있을까? 딱하게도 특별한 몇 사람을 제외하면 정년 이후에 안락한 노후와 자유로운 삶을 보장 받고 사는 사람은 별로 눈에 띄지 않는다.

날로 치열해져 가는 경쟁사회 속에서 살아남기 위해 안간힘을 써보아도 현실의 벽은 높기만하다. 신문과 방송에서는 연일 기업들의 부도 소식이 전해지고, 졸업과 동시에 고학력 실업자가 되어야 하는 대학생들의 딱한 처지가 보도된다. 때때로 직장을 잃은 가장이 가족과 함께 동반자살을 시도했다는 참으로 안타까운 뉴스를 접하기도 한다.

현실은 왜 이렇게 어렵고 힘들기만 할까?

이 모든 문제가 단순히 국가경제의 파산이나, 개인적인 자질 때문만은 아닌 것 같다. IMF 때도 부자들은 돈을 벌었다. 반면에 아무리 큰 기업도 파산할 수 있다는 것을 우리는 확인했다. 누가 수 많은 신용불량자들을 모두 인격적으로 문제가 있다고 매도할 수 있을까?

대부분의 사람들에겐 소득보다 지출이 더 빠른 속도로 증가하는 것을 막을 길이 없다. 아무리 열심히 일해도 지금 같은 현실에서는 추가 소득은 커녕 일한 만큼 버는 것조차 쉽지 않다. 그렇다면 이런 현실을 바꿔 볼 방법은 없을까?

이 책은 그런 생각에서 시작됐다. 우리가 서 있는 자리에서 부터 시작해 보자.

일명 '월급쟁이'로 불리는 직장인들은 회사에 이익을 가져다 주고 그 존재를 인정받는 사람들이다. 그들의 급여는 최소 자기 월급의 3배 이상의 이익을 회사에 가져다 준 대가로 받는 보상이다. 그들이 회사를 위해 투자하는 노력을 x 라고 했을 때 그들의 소득구조를 공식

화하면,

$$\text{Money} = \sqrt{x}$$

라고 할 수 있다. 다시 말해 대부분의 직장인들은 자신이 들인 노력에 비해 터무니없이 적은 소득을 가져가고 있는 것이다. 회사나 기업구조의 문제에 대해 말하려는 것은 아니다.

이 책의 관심은 사회적인 책임이나 기업에 있는 게 아니라 철저하게 개인에게 있다. 물론 어떤 사람에게는 직장이 최선의 대안일 것이다. 그러나 현재 다니고 있는 직장은 앞으로 더 성장할 수도 부도가 날 수도 있다. 중요한 것은 회사의 운명과는 별도로 직장인인 내가 나의 미래를 위해서 무엇을 할 수 있는가이다. 어떻게 하면 이 Money = $\sqrt{x}$ 라는 한계를 벗어버리고 내가 일한만큼 벌어가는 Money = x, 일한 것보다 많은 것을 버는 Money = x^2 으로 나아갈 수 있을까?

그것이 엑스제곱(x^2)의 시스템이다. 같은 노력으로 더 많은 성과를 낼 수 있는 시스템을 이 책에서 제시하고자 한다.

  이 책을 만드는데 도움을 주신 위재인 선배와 박종환 사장, 이창환 사장 그리고 이강석, 김강열, 권혁성, 김운아 후배들의 도움에 감사를 드린다. 또, Money = $\sqrt{x}$ 시스템에서 Money = x^2 시스템의 존재를 알려주신 이승한 선배에게도 감사를 드린다. 무엇보다 변변히 효도 한번 못한 아들을 언제나 사랑하시는 부모님께 이 책을 바친다.

책에 대한 느낌이나 개선할점, 맞춤법 등에 대하여
메일을 주시면 개정판에 반영하도록 하겠습니다.
많은 지도 편달 바랍니다.

언제나 조용히 자식의 성장을 기뻐하시는 아버님, 어머님께 이 책을 바칩니다.

Contents

서 문   인생의 일기예보

제 1 장
내 인생의 일기예보

내일의 날씨, 맑거나 비 ·················· 14
김대리의 내일의 날씨 ·················· 16
덜 쓰든지, 더 벌든지 ·················· 26
Money = $\sqrt{x}$: 직장인의 소득구조 ·················· 32
Money = x : 전문가의 소득구조 ·················· 40
Money = x^2 : 자산가의 소득구조 ·················· 51
Money = x^3 : 사업가의 소득구조 ·················· 55
5%와 95%의 차이 ·················· 61
레버리지 시스템 만들기 ·················· 68

제 2 장
변화를 읽으면 대비할 수 있다

유통시스템 ·················· 88
유통시스템 편입을 통한 자산구축 - 프랜차이즈   100
유통시스템 편입과 확장모델 - 네트워크마케팅   105
낯선 곳에서의 아침 ·················· 116

제 3장

Money = x^2 의 시스템

합리적인 수익구조 ·········· 128
네크워크의 확장성과 소득의 특성 ·········· 134
네트워크의 자산적 가치 ·········· 143

제 4장

인터넷을 통한 Money = x^2 시스템의 확장

인터넷 혁명 ·········· 148
인터넷 비즈니스의 허와 실 ·········· 155
캐쉬백시스템과 고객충성도 ·········· 161
MALL & MALL 허브사이트 ·········· 165
하이테크, 하이터치 기반의 가상공동체 ·········· 166
폭발적인 비즈니스 ·········· 173

제 5장

결론

내가 할 수 있는 일일까? ·········· 179
참고문헌 ·········· 183

# 부자들의 시스템
Money=x^2

제1장

내 인생의 일기예보

Simple and Smile

세상은 생각처럼 복잡하지 않다.
단순하게 생각하자.
당신의 얼굴에 미소를 지을 수 있다면
슬픔은 쉽게 사라진다.
— 저자 —

제1장
내 인생의 일기예보

내일의 날씨, 맑거나 비

 일기예보에서 '내일 비 올 확률이 50% 입니다.' 라는 보도를 듣는다면 별 생각 없는 사람도 있겠지만, 어떤 이들은 50%라는 확률때문에 갈등에 빠질 것이다. 대체 내일 비가 온다는 말인지 오지 않는다는 말인지, 그래서 우산을 가지고 출근을 해야 할 것인지 그냥 나서야 할 것인지를 결정하기 어렵기 때문이다. 결정한 후의 행동에 따라 많은 사람들의 희비가 엇갈린다. 어떤 이는 혼잡한 길거리에서 갑자기 쏟아져 내리는 비를 맞으며 후회할 것이고 또 어떤 이는 여유있게 우산을 펼치며 안도할 것이다.
 사소한 예이긴 하지만 일기예보에 대한 반응을 통해서

도 우리는 사람들에겐 제각기 다른 사고방식과 습관이 있다는 것을 알 수 있다. 보이스카웃처럼 준비성이 투철한 사람은 우산을 들고 나갈 것이고 그렇지 않은 사람은 우산 정도는 대수롭지 않게 여길 것이다.

비가 올 확률이 50%였으므로 비는 올 수도 있고 오지 않을 수도 있다. 그러나 여기서 주목해야 할 것은 비가 오든 오지 않든 사람들 나름대로 삶을 바라보는 생각과 견해가 다르다는 것이다. 다시 말해 세상엔 준비성이 철저한 사람과 그렇지 못한 사람이 있는 것이다. 그렇지만 비 올 확률이 95%인 경우에도 우산을 준비하지 않는 사람이 있다면 그는 준비성이 없는 정도를 넘어 무모한 사람이라고 해야 하지 않을까? 내일 비 올 것이 확실하고 우산이 없다면 비를 맞고 감기에 걸릴 확률이 그만큼 높아지기 때문이다. 더욱 안타까운 것은 그 사실을 알면서도 마땅히 준비할 우산이 없어서 속수무책으로 비를 맞아야 하는 경우이다.

단순한 일기예보라면 비를 맞은 사람은 기분이 상하고 세탁비가 좀 더 들고 감기에 걸리는 정도로 끝나겠지만,

그것이 우리의 인생이라면 얘기는 다르다. 준비하는 사람과 준비하지 않는 사람의 격차는 비교할 수가 없다.

인생에는 연습이 없는것이다.

가난하게 살고 싶은 사람은 없다. 대부분의 사람들은 내일 비 올 확률이 95%라는 것을 알고 있고, 우산 없이 나간다면 어떤 결과를 초래할지도 알고 있다.

우산을 준비할 방법이 없다면 모를까 그 방법이 있는데도 아무런 준비를 하지 않는다면 그는 아마도 어리석은 사람이리라.

김대리의 내일 날씨

김대리는 대기업 기획실에서 근무하고 있다. 그는 얼마 전 비 올 확률이 95%라는 사실을 알고 우산을 준비해야겠다는 생각을 했다. 잘 나가던 부서 선배인 박과장에게 닥친 불행을 보고 깨달은 바가 있었기 때문이다. 박과장의 연봉은 4,000만원으로 비교적 풍요로왔고 김대리의 연봉은 3,500만원으로 다른 친구들보다 약간 많은 편이었다. 그들의 회사 생활은 평화로왔다.

박과장의 삶을 한번 들여다 보자.

박과장은 일요일에는 영화를 보러 가기도 하고 여름에는 산과 바다로 휴가를 다니면서 여유 있는 생활을 하였다. 그런데 속사정은 보기와 달랐다. 겉으로 보면 승진할 때마다 소득이 증가하는 것 같았지만 좀처럼 저축은 늘지 않았다. 아이들이 커감에 따라 지출도 늘어가서 저축은 커녕 대출통장이 하나 둘씩 늘어가고 있는 형편이었다. 그래도 대기업의 사원이라는 것이 금융권에서는 신용을 좋게 평가해 주기 때문에 서로 맞보증을 서 가며 큰 금액은 아니지만 모자라는 돈을 융통해 가고 있었다.

그러던 어느 날 김대리의 회사에도 구조조정의 바람이 불어닥치게 되었고 박과장은 정리해고의 대상이었다. 10년간을 한결같이 일해온 회사에서 내년 쯤 차장을 바라보며 많은 계획을 세우고 있었던 박과장은 경제적으로 극심한 곤란에 처하게 되었다.

퇴직금은 모두 대출을 갚는데 써서 이미 바닥이 났고 수중에 남은 돈이라고는 고작 200만원 뿐이었다. 장사를 해볼까 하는 생각도 해 보았지만 무엇하나 제대로 아는 게 없었다. 회사에서 수백억짜리 프로젝트를 기획하는데는 너무도 익숙한 박과장이었지만 막상 자기자신의 프로젝트를 기획하려고 하니 막막하기만 하였다. 가게를 얻는 방법도, 세무적인 지식도, 물건을 어떻게 유통하는지도 도대체 아는 게 없었다. 무엇보다 더 절실한 것은 돈이 없다는 것이었다. 지금까지 남이 주는 월급을 받는 것에만 익숙해 있었고 집보다는 회사가 더 편하다고 해도 과언이 아닐 정도로 직장생활 밖에 몰랐던 박과장이었기에 회사에서 월급이 나오지 않을 때를 전혀 대비하지 못했던 것이다.

결국 당장의 지출 규모를 줄이는 방법밖에 없었다. 박과장은 가장 먼저 집을 줄였고 아이들이 다니던 학원을 그만두게 하고 자신이 타고 다니던 자동차를 팔았다. 그리고 새로운 생계수단으로 늦었지만 공인중개사 자격증을 준비하기로 하였다. 다시 직장인으로 돌아가는 일은 생각하고 싶지도 않았고 또 현실적으로도 불가능한 일이었다. 박과장은 공인중개사 준비를 하느라 분주하게 학원을 다니면서도 당장의 생계 때문에 걱정이 태산이었다. 회사에서 잘 나가던 시절엔 꿈에서조차 상상하지 못했던 현실이었다. 박과장은 매일 밤 이런 후회와 탄식을 했다.

이럴 줄 알았다면 진작 저축을 좀 더 많이 해두는 건데…
이럴 줄 알았다면 회사 다닐 때 자격증이라도 하나 따놓는건데…
이럴 줄 알았다면…
이럴 줄 알았다면…

류시화 시인이 번역한 킴벌리 커버거의 다음과 같은 시가 있다.

지금 알고 있는 걸 그때도 알았더라면
내 가슴이 말하는 것에 더 자주 귀 기울였으리라.
더 즐겁게 살고, 덜 고민했으리라.
금방 학교를 졸업하고 머지 않아 직업을 가져야 한다는 걸
깨달았으리라.

아니, 그런 것들은 잊어 버렸으리라.
다른 사람들이 나에 대해 말하는 것에는
신경 쓰지 않았으리라.

김대리는 박과장의 현실을 보면서 한 가지 의문이 들었다. 수많은 직장인들이 매일 이런 현실을 지켜보면서도 왜 자신에게만은 이런 일이 일어나지 않을 것이라고 믿고 있는 것일까? 박과장은 이런 상황을 전혀 예측할 수 없었던 것일까? 일기예보에선 내일 비 올 확률이 95%라고 늘 얘기하고 있는데도 말이다.

구조조정, 정리해고, 명예퇴직이라는 호우성 예보들…

박과장 역시 많은 사람들과 같은 실수를 한 것 뿐이지만 결과는 참담했다. 우리들 대부분이 예외의 경우라면 얼마나 행복할까? 하지만 현실은 그렇지 못하다. 김대리는 박과장을 통해 비로소 자신의 현실을 제대로 바라보게 되었다.

잘못하면 자신도 박과장의 전철을 밟을지 모른다는 생각을 하게 된 것이다. 자신만만한 박과장을 존경해 왔던 김대리는 하루 아침에 생계를 걱정하며 자신에게까지 돈을 빌리러 오는 초라한 모습의 박과장을 보면서 영웅의 비참한 말로를 보는 것 같아 씁쓸했다. 박과장의 움츠러든 어깨가 남의 일처럼 보이지 않았고 김대리 자신의 일기예보도 비소식이 있다는 것을 알게 되었다.

모든 사람이 죽음을 예정하고 태어난 것처럼 박과장이 겪은 일은 직장인이라면 현재의 소득과 직위에 상관없이 모두 겪게 되는 일이다. 과장이든 부장이든 이사든 사장이든 예외가 없다. 회사를 그만두는 시점부터 소득은 제로가 되는 것이다. 다시 말해 직장인은 소득이 없어지는 날까지 회사를 다닌다. 그것은 입사한 날로부터 이미 예정되어 있는 사실인데도 그 일이 현실로 나타나고서야 당황하고 참담해 하는 것이 직장인들의 한계이다. 박과장의 전철을 밟지 않으리라는 결의로 준비를 시작한 김대리는 그나마 다행이라고 할 수 있다.

박과장을 통해 자신의 현실을 냉정하게 돌아보게 된 김대리는 미래를 위해 다음과 같은 대비책을 세웠다.

1) 회사에서 능력 있는 사원으로 인정 받기

2) 만일에 대비해서 소비를 줄이고 저축 늘이기

3) 학생들을 상대로 주말 과외수업하기

4) 은퇴를 대비한 공인중개사 시험 준비

회사에서 능력 있는 사원으로 인정 받기

직장생활에 몸담고 있는 김대리로서는 가장 먼저 선택할 수 있는 방법이자 일반적인 대책이다. 그나마 제때 승진을 하면서 마지막까지 회사에서 살아 남는 방법이기도 하다.

김대리는 박과장이 회사를 떠난 후부터 다음과 같은 일들을 꾸준히 실천했다.

- 영어학원 수강
- 절대 지각 안 하기
- 상사에게 인사 잘하기
- 업무에 있어서 전문가 되기
- 동료들과 좋은 관계 유지하기

열심히 계획을 실천에 옮기고 노력하자 회사생활도 더욱 재미있어지고 남들에게 뒤쳐지지 않게 과장 승진도 할 수 있었다. 원하던 대로 소득도 늘었다. 그러나 시간이 빠듯해서 여가를 즐기는 것은 엄두도 낼 수 없었고 따라서 소비도 점차 줄어들게 되었다.

만일에 대비해서 소비를 줄이고 저축 늘이기

박과장의 경우를 보며 소비를 줄이고 저축을 늘이기 시작했던 김대리는 과장으로 승진 한 후에도 결코 소비를 늘이지 않았고 덕분에 부채가 조금씩 줄어들기 시작했다. 이제는 결혼을 하라는 주변의 권유에도 불구하고 김대리는 30평 아파트를 부채 없이 장만하기 전에는 결혼을 하지 않겠다고 결심했다. 결혼 후에는 지금처럼 저축을 해나가기가 힘들거라고 생각됐기 때문이다.

싱크(SINK)족이라는 새로운 말이 최근 생겨났다. Single Income No Kid의 약자인데, 싱크족은 결혼적령기를 넘겼으나 의도적으로 결혼을 미루는 사람들을 뜻한다. 결혼에 따르는 자금난이 주된 이유라고 한다.

최근 결혼을 앞두고 정리해고 문제로 파혼당한 젊은 약혼자들도 여기에 가세하고 있다니 서글픈 현실이다.

학생들을 상대로 주말 과외하기

실질적으로 김대리의 저축이 늘어난 가장 주된 이유는 토요일과 일요일에 수험생들을 상대로 수학과외를 하면서 생긴 추가소득이었다. 이틀간 두 명씩 세팀을 가르치는데 한 팀당 50만원씩 150만원을 벌었다. 절약을 통해 모아지는 저축액 보다는 훨씬 빠른 속도로 저축이 늘어가기 시작했고 몸은 좀 힘들었지만 TV만 보면서 허송세월하던 지난 시절보다는 훨씬 보람있다는 생각이 들었다.

은퇴를 대비한 공인중개사 준비

평일 일과 후에 김대리는 회사 근처 학원에서 공인중개사 준비를 했다. 박과장처럼 소득이 없어졌을 때 마땅히 할 일을 찾을 수 없어 곤경에 처하는 일이 없도록 하기 위해서였다. 이 역시 퇴근 후 피로함을 감수해야 했지만 미래를 위한 투자라고 생각하며 버텼다. 이제 김대리는 전보다 미래에 대한 불안과 걱정이 많이 줄어들었고 자신감도 생겼다. 박과장 덕분에 현실을 냉정하게 바라보게 되었고 미래에 대한 준비를 하나 둘씩 해 나갈 수 있었기 때문이다. 김대리는 경제적 안정을 위해서는 덜 쓰고 더 버는 노력을 기울여 가고 있는 셈이다. 김대리는 이제 박과장이 고맙기까지 했다. 박과장은 떠나면서 김대리에게 "현실인식"이라는 선물을 주었던 것이다.

위의 경우는 대부분의 직장인이 흔히 생각해 낼 수 있는 미래 대비책이다.
그런데 이 계획들이 얼마만큼 김대리의 내일에 안전한 우산이 되어줄지…

덜 쓰든지, 더 벌든지

 김대리가 준비한 우산은 두가지이다. 소비를 줄여서 저축을 늘리는 것이 그 하나이고, 부업으로 추가소득을 올리는 것이 다른 하나이다. 즉 덜 쓰고 더 버는 방법이다. 두가지 모두 실천 가능한 일이고 어느 정도 성과를 가져올 수 있다. 그런데 좀더 장기적으로 살펴보면 한계가 분명하다.

 첫째는 소비를 줄여 나가는 방법이다. 직장인들은 기본적인 생활을 유지하는데 소득의 대부분이 들어간다. 가족들이 살 집을 마련해야 하고 자녀들의 교육도 시켜야 한다. 집안의 살림살이를 맡은 주부들은 절약에 절약을 해도 돈을 모을 수가 없다. 게다가 이 세상은 한마디로 소비의 천국이다. 가는 곳마다 보는 것마다 끊임없이 소비를 유혹하는 것들 뿐이다.
 TV에서 전하는 어느 신용카드 회사의 광고를 보자.
 광고는 "열심히 일한 당신 떠나라!" 고 말한다. 언뜻 들으면 현대인들의 풍요로운 삶을 이야기 하는 듯 하지만 내용을 자세히 들여다 보라. 광고모델은 고급 자동차를 타고 한 손에는 카드 한 장을 보란 듯이 들고 떠난다. 그가 손에 들고 있는 것은 현금이 아닌 신용카드였다. 그는 여행을 떠나기 위해 빚을 진 것이다. 이제 그는 신용불량자의 첫발을 과감히 내딛게 된 것이다. 다른 신용카드 회사의 광고에서는 "당신의 능력을 보여 주세요"라고 말한다. 당신의 능력을 보여주는 지표는 두말할 것도 없이 카드다. 연인의 마음을 사로잡기 위해서 카드로 보석을 사고 환상적인 크루즈 여행을 한다는 이야기다. 다 좋다. 그런데 그 후에 날아오는 청구대금을 어떻게 감당할 지에 대해서는 아무런 대책도 제시하지 않는다. 신용카드 회사들의 광고는 형식만 다를 뿐 요지는 하나다.

일단 쓰고 즐겨라!
그 다음 일은 내일 생각하라.

이 책을 읽는 독자들 중에는 여자친구와 헤어지고 난

뒤, 날아드는 카드 명세서 때문에 괴로움을 겪어본 사람들이 있을 것이다. 연인에게 보여주었던 당신의 '능력'이 이제는 매달 갚아가야 하는 인생의 짐이 되어 버린 것이다.

물론 무작정 소비를 권장하는 신용카드 회사도 문제지만 광고만 믿고 무분별하게 카드를 쓰는 소비자 또한 비난을 면할 길이 없다. 현재 금융기관의 빚을 갚지 못한 연체자가 급증하면서 신용불량자가 늘어가고 있다.

특히 은행 카드사에서 시작된 가계대출 연체 문제가 손보사, 할부금융사, 상호저축은행 등 금융권 전체로 확산되는 등 '신용불량자 도미노 현상'까지 나타나고 있다. 은행연합회에 따르면 개인 신용불량자는 300만명이 넘은 것으로 집계되고 있다. 신용불량자는 금융회사로부터 30만원 이상을 빌린 뒤 3개월 이상 이자 등을 연체한 사람으로 신규 대출 등이 제한되는 등 금융회사와의 거래제약을 받는다.

현재 신용불량자는 우리나라 경제활동인구의 13%에

이르러 경제력 약화는 물론 앞으로 사회 불안을 야기할 신용대란의 우려마저 일고 있다. 또 전체 신용불량자 5명 중 1명이 20대(60만4천명)여서 청년실업에 이어 청년 신용불량이 사회문제로 대두될 조짐이다. 게다가 신용카드 회사 또한 과다경쟁으로 경영위기에 봉착하게 되었다고 한다. 신용불량의 급증은 연일 신문지상에 오르내리는 범죄와 비관자살의 원인으로 심각한 문제를 야기하고 있다. 이는 보통 사람들의 경제상황이 얼마나 악화되어 있는지를 단적으로 보여주는 예이다.

물론 대부분의 건전한 소비자들에게는 해당되지 않는 일일 수도 있다. 소비 자체가 문제라기 보다는 과소비의 경우가 그렇다는 것이다. 신용불량이 되는 경우는 한마디로 자신이 번 것보다 더 많이 썼다는 얘기다. 그렇다면 대부분의 건전한 소비자들은 충분히 소비하고도 남는 돈을 벌고 있을까?

일반적으로 직장인들의 소득은 자신이 만족할 정도의 소비생활을 유지할 수 있는 수준에 미치지 못하고 있다.

소득은 한정되어 있는데 소비를 부추기고 조장하는 손짓은 도처에 널려 있다. 대중매체가 그 첨단을 달리고 있고 주변의 환경 또한 여지없이 우리 주머니 속의 돈을 끌어내는데 혈안이 되어있다. 우리 부모라면 절대로 권하지 않을 것을 사회는 적극적으로 권한다.

여기저기서 주식을 투자하라고 부추기고…
당장에 차를 바꾸라고 권장하고…
술 마시라고…
담배 피우라고…

골프채를 바꾸었더니 점수가 줄었다고 말하는 친구를 보면 자신도 골프채를 바꾸고 싶은 것이 사람의 마음이다.

둘째는 소득을 늘리는 방법이다. 그러나 이 방법도 마찬가지로 한계는 있다. 김대리는 퇴근 후와 주말에 과외수업을 하기로 하였다. 그러나 이 소득 또한 앞으로의 상황에 따라 유동적이고 결코 안정적인 수입이 되지 못한다. 김대리가 지방으로 전근되거나 몸이 아파 눕는 순간부터 추가소득은 다시 제로가 된다. 김대리의 미래를 준비하기에 과외수업은 너무 불안정하고 소극적인 대책이다.

대부분의 직장인들은 자신의 직장이 안전하지 않다는 것을 알고 있다. 앞에서 말한 방식 이외에도 신문배달, 대리운전등 시간과 노력을 투자하여 일을 하고 있지만 아르바이트 같은 일시적 추가수입이 자신의 삶에 큰 도움이 되지 않는다는 것도 알고 있다.
경제학에서는 삶의 수준을 향상시키는 것은 일시적 소득이 아닌 항상소득이라고 한다.
다음에서는 항상소득의 필요성에 대해 알아보자.

Money = $\sqrt{x}$: 직장인의 소득 구조

| 직장인의 소득 그래프 |

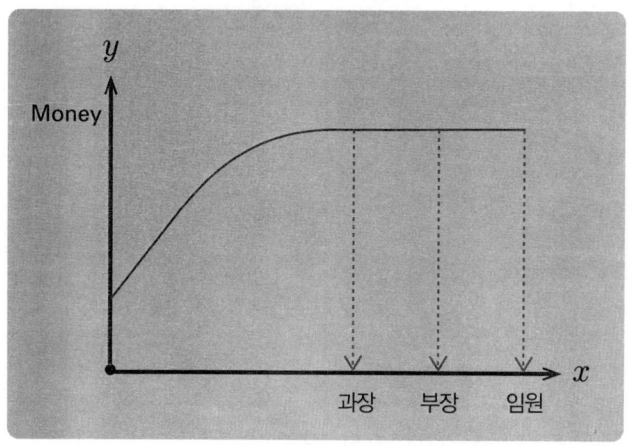

 이 그림을 보면 2사분면 이외에는 그래프가 없다. 이것은 직장인은 위험이 전혀 없다는 뜻이다. 자신이 다니는 회사가 망하더라도 그 피해는 그 회사 사장의 몫일 뿐 월급을 받고 일하던 직장인의 몫은 아니다. 사장은 위험을 부담하였기 때문에 큰 소득이 생길 수도 있지만, 직장인은 위험을 부담하지 않은 이유로 소득이 제한적일 수 밖에 없다. 또한 사장은 회사를 소유하게 되고 그가 원하는

사람에게 회사를 양도 할 수 도 있지만 직장인은 그저 잠시 책상을 지키고 있었던 사람일 뿐이다.

많은 직장인이 회사를 자신의 것인양 착각을 하고 있지만 사장은 단 한순간도 그 직장인이 회사의 주인이라고 생각하지 않는다. 결국 직장인은 사장이 원하는 때까지만 일을 하면 되고 사장이 일을 그만 두라고 하면 언제든지 그만 두어야 하는 것이다. 어리석게도 회사를 자기 의지와 상관 없이 그만두게 되었을때 직장인들은 냉정한 현실을 깨닫게 된다.

김대리는 직장인이다. 직장인이란 회사에 소속되어 일을 하고 그 대가로 월급을 받는다. 김대리는 회사에 이익을 내어 주어야 자신의 존재가치를 인정 받는다. 이윤을 추구하는 목적으로 조직된 회사의 입장에서 김대리는 회사의 이윤을 창출해 주는 인적 자원이다. 그러므로 김대리의 효용가치는 회사에 얼마만큼의 이익을 가져다 주느냐에 달려있다. 일반적으로 직장인은 자신이 받는 월급의 3배 이상의 이익을 회사에 안겨 주어야 한다. 그렇지 않으면 효용가치가 없는 사원이 되어 퇴출이나 감원대상이 될 확률이 높다. 결과적으로 김대리는 자신이 일한 값의 일부분을 그 대가로 받는 것이다. 그렇다면 과연 얼마를 대가로 받고 있는가? 김대리와 같은 직장인의 소득 구조를 공식화 해 보자.

여기서 x 값은 개인이 회사를 위해 노력한 값이다.

직장인의 소득구조
$$\text{Money} = \sqrt{x}$$

직장인은 자신의 경제력에 영향을 미치는 근무연한이나 봉급수준, 근무지를 자신의 의지대로 결정할 수가 없다. 다시 말해 돈과 관련된 것은 단 한가지도 자신의 의지대로 할 수가 없고 오로지 사장의 의사에 의존해야 하는 열악한 지위에 있는 것이다. 오로지 스스로 정할 수 있는 것은 회사를 그만두는 것 뿐이다. 하지만 회사에 주택마련 자금이나 우리사주 구입 대금을 융자받아 쓰고 있는 경우는 그나마 회사에 지고 있는 빚을 청산하기 전에는 사표조차 함부로 쓸 수 없는 게 현실이다.

학창시절 수학시간에 배운 내용을 떠올려 보자.

루트($\sqrt{}$)는 '제곱근'이라고 배웠을 것이다. 예를 들어 100의 제곱근은 10이다. 말하자면 김대리는 100에 해당하는 일을 하고 회사로부터 10에 해당하는 대가를 돌려 받는다. 자신이 일한 값에 비하면 터무니 없이 작은 대가이다. 그렇다면 김대리가 자신의 소득을 올릴 수 있는 방법은 없을까? 한 가지 있다. 열심히 일해서 승진하는 것이다. 그런데 승진한다고 해도 소득구조가 근본적으로 달라지는 것은 아니다. 한마디로 직장인의 소득구조는 자신이 일한 만큼 보상을 받기에는 지나치게 비효율적인 시스템이다. 제곱근은 비효율성을 의미한다. 이런 시스템 안에서 김대리가 소득을 높이거나 충분한 자산을 모으는 일은 거의 불가능한 일이다.

여기서 직장인들의 소득이 $\sqrt{x}$ 일 수 밖에 없는 것도 나름대로의 이유는 있다. 고용주는 위험을 안고 회사를 창업하였고 또, 거의 전 재산을 담보로 회사를 경영하고 있지만 직장인은 리스크라는 부담을 지고 있지 않다. 리스크가 없으므로 큰 소득을 기대하기도 어렵다. 또한 직장인의 소득은 고용주에게는 인건비의 한 항목일 뿐이다. 어떤 사장도 자기회사의 비용구조를 악화시키려는데 적극적이지 않다. 월급을 올려주려고 하지 않는다는 것이다. 그저 생활이 될 정도로, 다른 회사로 옮기지 않을 정도로만 월급을 책정하려 한다. 자본가로서의 사장은 피고용인을 인간적으로 사랑 할 수 있지만 자본의 논리는 비용절감을 요구하는 것이다. 박과장을 내보낸 것이 아니라 인건비를 줄였을 뿐이다.

대부분의 직장인들은 이러한 시스템 속에서는 아무리 열심히 일을 해도 별로 소득이 나아지는 결과를 얻지 못한다. 회사에 대한 공헌도와 개인의 소득은 몇몇 특정한 사람들을 빼고는 크게 상관이 없는 듯하다. 이러한 회사의 비효율적 분배구조 때문에 직장인들은 근무연한이 길어질수록 회사에 대한 회의를 느끼게 된다. 더 열심히 일하려고 하다가 실수라도 해서 회사에 손해를 끼친다면 오히려 문책을 받게 되니 차라리 얌전히 월급이라도 받겠다는 소극적인 자세로 움추러 들게 된다. 그러다 보니 입사 당시 성실하고 진취적이던 모습은 어느새 사라지고 하루하루 업무량을 채우는데 급급한 사원으로 변해가는 것이다.

여기에 직장인들에겐 반갑지 않은 세금이라는 한가지 변수가 더 있다. 월급봉투를 받으면 제일 먼저 월급명세서에서 눈에 띄는 것이 바로 세금이라는 명목으로 떨어져 나간 돈의 액수다. 소득이 오르면 누진세를 부담해야 한다. 세금은 소득이 오르는 것보다 큰 폭으로 증가한다. 다시 말해 세금은 소득 대비 x^2 값으로 증가하게 된다. 많이 벌면 벌수록 써 보지도 못하고 내는 세금의 액수는 더욱 커지는 것이다. 국정감사 자료에 따르면 직장인들이 부담하는 근로소득세와 자영업자 종합소득세 간 격차가 해를 거듭할수록 커지고 있는 것으로 드러났다. 전체 세금에서 직장인들이 내는 세금 규모가 갈수록 늘어나고 있는 것이다. 한마디로 직장인만 '봉' 인 것이다.

근로소득세란 근로자가 근로의 대가로 받는 소득에 부

과하는 조세를 말하며 봉급, 보수, 상여금, 수당 등이 과세의 기준으로 직장인들이 부담하는 소득이다.

2002년 정부가 거둬들인 근로소득세는 7조 6,766억원으로 3조 9,251억원 수납에 그친 종합소득세에 비해 무려 3조 7,515억원이나 많다. 근로소득세와 종합소득세의 격차는 2000년 3조 6,695억원, 99년 2조 4,395억원으로 매년 불균형이 심화되고 있는 것으로 드러났다. 이는 상대적으로 근로소득자에게 조세부담이 가중되고 있음을 보여준다.

또 근로소득세 수납액도 매년 목표치를 크게 넘어서 직장인들이 '유리지갑'임을 다시 한번 증명했다. 지난해 정부는 5조 5,332억원의 근로소득세를 예산액으로 잡았지만 실제 2조 1,434억원을 더 거둬들여 38.7% 초과 달성했다. 또 소득세를 내고 난 나머지에서 발생하는 간접세는 한푼도 세제 감면 혜택을 받지 못한 채 고스란히 직장인이 부담하게 된다. 소득은 Money = $\sqrt{x}$ 인데, 세금은 Money = x^2 로 수익구조는 더욱 악화된다. 이래저래 직장인은 울상 지을 수 밖에 없다. 이런 상황에서 월급에서 얼마씩을 저축한다는 것은 쉽지 않다.

   그런데 이러한 소득마저 내가 원할때 까지 꾸준히 지속될 수 있다면 그나마 다행인데 현실은 그렇지도 못하다. 인간이 소득활동을 할 수 있는 시기는 25~30년 정도이다. 회사에서는 정년이란 제도를 통해 나이가 들어 생산성이 없어진 사람들을 내보내고 신규고용을 통해 새로운 인력을 수급한다. 최근엔 불안정한 경제상황으로 인해 평생직장이라는 방패막도 사라졌다. 정년이 아니어도 언젠가 회사를 떠나야 하는 상황이 생길 수 있다. 문제는 그렇게 회사를 떠나는 대부분의 직장인들에게 아무런 대책도 없다는 사실이다. 대책을 세운다 한들 직장인들에게 새로운 소득구조로 진입하는 문은 턱없이 좁기만 하다.

   김대리가 직장인들의 소득 구조 안에서 아무리 미래를 향한 꿈을 키운다 해도 결과는 그다지 낙관적이지 않다.

Money = x : 전문가의 소득구조

| 전문가의 소득 그래프 |

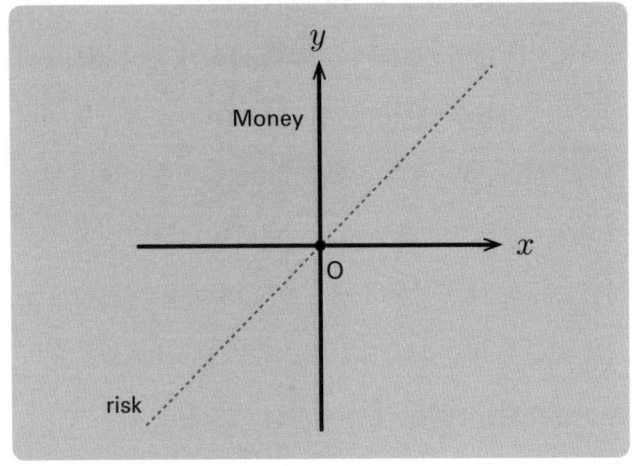

 이 그래프를 보면 전문가는 1차 함수의 그래프를 가지고 있다. 노력한 만큼, 트랜드에 맞는만큼 성장한다. 하지만 아무리 노력하더라도 그것이 트랜드에 맞지 않는다면 마이너스의 성장을 할 수도 있다는 것이다. 소득이 생기든, 손해를 보든 전문가들의 소득은 그들의 책임하에 움직인다. 그런데 어떤 업종의 공급이 증가되면 그 일에 종

사하는 사람들의 가치는 떨어지게 되고 자연스럽게 소득이 감소된다. 트랜드의 변화에 맞지 않는 일에 종사하는 사람들의 경우도 마찬가지다.

그렇다면 이번에는 전문가들의 소득구조에 대해 알아보자. 일반적으로 전문가의 상황은 직장인들보다 훨씬 나은 것으로 알려져 있다. 실제로 그럴까?

이 분야는 흔히 의사, 변호사 등 전문적인 능력을 가진 자영업을 하는 사람들의 영역이다. 이들에겐 보스가 없기 때문에 자신의 계획하에 노동의 양과 시간, 소득 수준을 어느 정도는 조절할 수 있는 이점이 있다. 일반적으로 이러한 전문가들의 소득이 산출되는 공식은 '근로시간×시간당 임금'으로 어느 정도는 자기가 노력한 만큼의 대가를 얻을 수 있는 구조를 가지고 있다.

따라서 앞에서와 마찬가지로 소득에 들인 노력의 값을 x 라고 할 때 전문가들의 소득공식은 다음과 같다.

전문가들의 소득구조
Money = x

즉 자신이 일한만큼 돈을 벌 수 있는 일차함수의 성격을 띠고 있으며 자신만의 노하우나 실력 여부에 따라 변수가 생길 수 있다.

그렇지만 이들 역시 시대의 변화와 함께 새로운 변수들이 출현하면서 예전처럼 안정적으로 고소득을 보장받을 수 있는 상황은 아니다. 이 분야는 기본적으로 공급에 의해서 임금수준이 정해지기 때문에 공급이 증가한다면 마찬가지로 어려움을 겪을 수 있다. 과거에는 의사, 변호사는 일정 수준 이상의 고소득이 보장되는 직업으로 알려졌다. 기본적으로 경쟁자가 많지 않았기 때문이다. 그러나 지금은 사정이 다르다.

의사의 경우를 예로 들어보자.

의료보험 실시 이후 의과대학이 증설되고 매년 배출되는 의사의 숫자가 늘어남에 따라 시간당 임금은 급격하게 떨어지고, 경쟁이 치열하다 보니 심지어는 파산하는 병원까지 생겨나게 되었다.

의사의 수는 지난 80년 말 2만2천여명에서 2002년 말 약 8만여명으로 늘어났고 해마다 3,000명 이상이 늘어나고 있다. 과거에는 의사하면 외과나 내과가 최고였지만 최근에는 의료보험의 적용을 덜 받는 한의사, 성형외과, 피부과, 안과 등의 과목이 각광을 받고 있고, 소득이 낮은 방사선과나 마취과, 임상병리과 같은 분야는 레지던트를 지원하는 의과대학생을 모집하러 다녀야 하는 형편이다. 사람의 생명을 다루는 의과분야마저 경제적인 문제를 고려해서 선택해야 하는 시대가 된 것이다. 한의대의 경우 나이가 많은 학생들이 늘어나고 있다. 한계를 느낀 직장인들이 상대적으로 안정된 한의대로 편입하는 것이 새로운 풍조가 되어가고 있다. 6년을 다시 배움에 투자해서라도 안정된 노후를 대비하겠다는 심리일 것이다. 하지만 이들이 졸업할 무렵엔 한의대의 정원이 또 얼마나 늘어 있을지 모르겠다. 언제까지 한의대만 예외일 수 있을지도 의문이다.

변호사의 경우는 어떤가?

사법시험에 합격해서 변호사가 되면 상당한 고소득이 보장되었던 시대도 이제는 옛말이 됐다. 변호사는 해마다 늘고 있고 사법연수원을 나와도 판검사는 물론 대형법무법인에 취직하는 일도 수십대 일의 경쟁을 치러야 하는 사태가 비일비재하다. 그래서 아예 일반 기업으로 일찌감치 취업의 길을 모색하는 사법연수생들이 점점 늘어나고 있다. 80년대말 890명에 불과했던 변호사는 2002년 3월 현재 대한변호사협회에 등록된 개업 변호사 수가 4천 9백 93명이고, 연간 3백명 선이던 사법연수원 졸업생수는 현재 300%가 급증한 1천명 선에 육박해 제한된 법조계에서 살아 남기 위한 경쟁이 다른 어떤 분야 못지 않게 치열하다.

단적인 예로, 서울의 A변호사는 이달 초 문을 닫았다. 한동안 쉬며 다른 일거리를 찾기 위해서이다.

사건 수임은 갈수록 어려워지고 초대형 로펌과 중소형 로펌의 공세에 대적하는 것은 '계란으로 바위 치는 격'이어서 스스로 문을 닫아 버렸다.

아직 초년인 B변호사는 전업을 했다. 인터넷 전자상거래를 지원하는 벤처기업 창업을 준비중이다. 기업체 법무팀으로 들어갈 생각도 해 보았지만 포기했다.

과거엔 사법시험에 합격하면 입사 즉시 임원대우가 보장됐지만 요즘은 과장급으로 떨어졌기 때문이다. 그나마 자리도 마땅치 않고 연봉도 형편없어 아예 벤처 창업을 택했다.

이 같은 일들이 곳곳에서 일어나고 있다.

게다가 변호사 시장 개방계획에 따라 향후 3~4년 내에 외국 변호사들이 한국에서 독자적으로 영업을 하게 되면 국내 변호사들의 입지는 더욱 줄어들 수 밖에 없다. 이제 특정분야에 대한 전문성이나 유명세 없이는 변호사란 이름을 달고도 밥벌이 하기가 만만치 않은 시대가 된 것이다.

유명 스포츠 선수들의 경우도 우리가 생각하는 만큼 안정적인 고소득을 유지하지 못하는 것으로 나타났다. 흔히 우리는 이름만 들어도 알 수 있는 운동 선수가 직장인으로서는 상상할 수도 없는 억대 연봉을 받고있다는 신문기사를 접하곤 한다. 박찬호가 이번 시즌에 연봉 얼마에 계약하고 박세리가 우승으로 얼마의 상금을 받았는지에 대해 보통 사람들은 늘 부러움에 가득 차서 이야기하곤 한다. 그런데 한가지 분명한 사실은 박찬호도 박세리도 몸이 아프거나 부상을 당해서 운동을 할 수 없게 되면 그 순간부터 아무런 소득도 받을 수 없다는 점이다.

다시 말해 아침에 일어나 세수를 하다가 허리만 한 번 삐끗하더라도 다음날부터의 소득은 제로가 되는 것이다. 그럼에도 불구하고 직장인들보다는 고소득일 가능성이 크고 상대적으로 더 안정적이다. 또한 개인의 노력여부에 따라서 일정한 자산을 소유할 수 있는 가능성 또한 전혀 없지는 않다. 그렇지만 이들 역시 소득이 멈춘 이후의 삶까지 보장 받을 수 있는 안정된 자산을 가지려면 과거 어느 때보다 훨씬 더 많은 노력을 하지 않으면 안된다. 이러한 현실에서 전문가들은 어떻게 미래를 대비하는지 알아보자.

압구정동 세현성형외과 황원장의 경우를 살펴보자. 광대뼈나 사각턱의 성형으로 유명한 이 성형외과는 고객들이 늘 대기 해야 할 정도로 수술이 밀려있다. 아름다움을 추구하는 것은 불경기가 없는 것이다.

그는 의과대학에 다니던 시절부터 앞으로 비전 있을 성형외과를 전공하는 것이 유리하다고 판단하였다. 대학 병원에서 성형외과 전문의를 지내다가 3년 전 개업한 이래 승승장구 하고 있다. 특히, 성형분야는 의료보험의 대상이 아니고 외모에 대한 관심과 미용에 대한 욕구가 점차 커지는 요즘에는 다른 어떤 분야보다 경기가 좋고 시간당 임금도 높다. 황원장은 자신의 특수하고 전문적인 능력으로 직장인과는 다른 구조 속에서 보다 많은 소득을 올렸다.

황원장의 경우, 김대리와 다른 점은 다음과 같다.

- 자신의 보스가 없다.
- 건강이 허락하는 한 은퇴가 없다.
- 자신의 노력에 의해 소득을 올릴 수 있다.

그렇지만 황원장 역시 시간적으로 일에 얽매여 있고 자신이 일하지 않으면 전혀 소득이 발생하지 않는다는 점에서는 김대리와 마찬가지다.

특히 이 분야에서도 경쟁이 치열해지면서 황원장 역시 동종업계에서 살아 남기 위한 나름의 노력을 하였고 그 결과 상당한 기술을 보유할 수 있었다. 그러나 소득을 전처럼 유지하는 일은 쉽지 않았다. 그런 점에서 두 사람에게는 공통점이 있다.

- 일을 하지 않으면 소득이 없다.
- 경쟁으로 인하여 소득이 줄어들 수 있다.

그런데 그런 황원장이 운동 중 부상으로 보름간 진료를 할 수 없게 되었다. 몸이 불편해서 진료를 할 수 없게 된 보름간은 단 일원의 소득도 발생하지 않았다. 기다리고 있던 환자들의 불만이 있었지만 몸과 마음이 불편한 상태에서 진료를 할 수 없다는 책임감 때문에 소득이 없더라도 진료를 미루는 것이 옳다고 판단한 것이다. 결국 사고로 인해 자신의 처지 또한 직장인과 크게 다르지 않다는 것을 느낀 황원장은 그 이후로 자신의 재무계획을 다시 짜기 시작했다. 아무리 현재의 소득이 높아도 안심할 수 없었다. 미래를 대비하려면 자신이 일을 할 수 없게 될 때를 대비해 별도의 소득 원천을 만들지 않으면 안된다는 생각을 하게 된 것이다. 황원장은 자신의 병원이 세들어 있는 건물의 건물주가 열심히 일하는 자신보다 더 높은 소득을 올리고 있다는 사실을 알게 되었다. 황원장은 틈틈이 저축해서 모은 돈으로 건물을 살 계획을 세웠다. 서서히 은퇴준비도 해야 했기 때문이다. 현재는 고소득자로 부러움을 사고 있지만 향후를 대비해 3층짜리 건물을 사는데 몇 년간 전력을 기울이기로 하였다. 건물을 사는 데는 20억원 정도가 필요하지만 은행에서 대출을 받고 임대보증금을 감안한다면 12억 정도만 있으면 내 것으로 만들 수 있다는 계산이 나왔다. 결국 황원장은 건물을 사들임으로써 별도의 자산을 만든다는 방법을 택했다.

직장인 김대리나 성형외과를 하는 황원장은 동료들보다는 일찍 현실에 눈을 뜨고 냉철한 자기 점검을 통해 노후 대비에 착수한 점에서 출발은 비슷했다.

그런데 김대리의 방식과 황원장의 방식에는 커다란 차이가 있다.

김대리는 황원장에 비해 현실적인 제약 요소들이 더 많다. 추가 소득을 위해 부업을 해야 하기 때문에 훨씬 더 많은 노동력을 투여해야 하고 오로지 자신의 건강에 의존할 수 밖에 없다. 뿐만 아니라 지방으로 전근 발령이라도 나는 날엔 그나마 과외수업도 할 수 없게 된다. 김대리의 소득은 여전히 불안정하다. 반면에 황원장은 좀더 유리한 위치에서 노후계획을 세울 수 있다. 성형외과 원장으로서의 현재소득에다 노동과 무관한 임대 소득이 안정적으로 뒷받침 해주기 때문이다. 만약 임대소득이 노동에 의한 소득을 넘어선다면 황원장은 언제라도 은퇴가 가능한 것이다.

불행하게도 대부분의 사람은 황원장과 같은 소득구조를 갖지 못한다. 황원장처럼 자기의 소득을 늘려 건물을 산다는 계획은 직장인에게는 이루어지기 힘든 꿈인 것이다. 노동이 아니라 자신이 소유한 재산으로 소득을 벌어들일 수 있는 사람들을 우리는 '자산'을 가진 사람들이라고 말한다. 자산에서 발생하는 자산소득은 근로에 의하지 않는 매력적인 소득이다. 그러한 자산을 갖지 못한 사람의 소득구조는 자신의 체력과 기술에만 의존하기 때문에 확실히 취약할 수 밖에 없다.

Money = x^2 : 자산가의 소득구조

| 자산가의 소득 구조 |

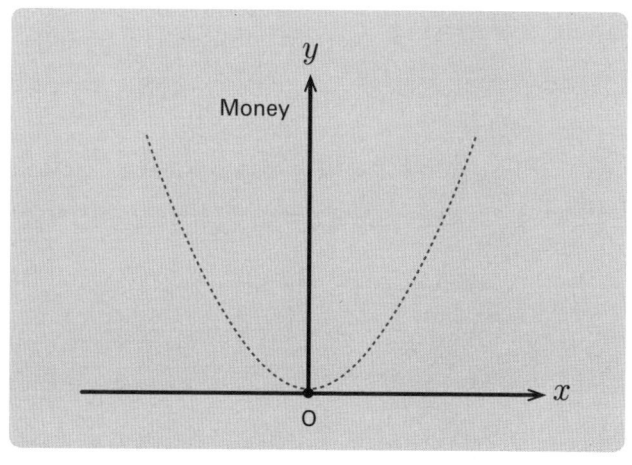

자산가의 그래프는 트랜드나 노력에 상관없이 증가하는 모습을 가지고 있다. 물론 은행의 담보비율이 안정되

어있는 경우에 한정된다. 만일 무리한 레버리지를 이용하였다면 자산가도 소득이 없어지는 경우가 발생할 수 있다. 다시말해 자산을 구입할때 대출을 많이 받은 경우라면 자산 가격의 등락 혹은 금리의 변동에 의해 소득이 영향을 받을 수 있다는 뜻이다.

자산 소득가의 소득구조는 앞에서 본 경우와는 다른 성격을 가지고 있다. 그들은 일명 '레버리지(지렛대)효과'를 이용하는 사람들이다. 부동산을 보유하고 거기에서 나오는 임대료로 채권을 구입하고 거기에서 나오는 이자로 주식에 투자하기도 한다. 지속적으로 자산이 자산을 낳게 되는 것이다. 물가가 오르면 오르는 대로, 안정적이면 안정적인 대로 소득이 지속적으로 나오는 것이다. 지렛대란 흔히 무거운 물건을 움직일 때 사용되는 막대기로 지렛대의 원리란 말하자면 이 막대기를 이용해 움직일 물건의 하중을 줄여서 '좀 더 가볍게' 하는 것을 의미한다. 지렛대를 사용하지 않는 경우에 비해 드는 수고와 비용이 훨씬 감소되고 그 효과 또한 비교할 수 없을만큼 크다. 자산을 구입하여 자신의 노동과 시간을 들이지 않고 소득을 발생시키는 일이다. 또 건물이나 토지를 통해 임대료 수익을 올리는 일도 이에 해당한다. 이처럼 자산가는 자신의 노력을 최소화 하면서도 소득을 극대화 하는 구조를 가지고 있다. 즉 이들은 일정한 비용을 지불하고 지속적인 소득을 발생시키는 일종의 시스템을 구축하고 있는 것이다. 이 경우, 처음에는 어느 정도의 투자비용이 들겠지만 일정 기간이 지나면 안정적으로 소득이 배가되는 결과를 얻을 수 있다. 따라서 이들의 소득 구조는 다음과 같이 공식화할 수 있다.

자산가들의 소득구조
Money = x^2

자산가들이 직장인들이나 전문가들보다 유리한 소득구조를 가졌다기 보다는 근본적으로 다른 소득구조를 가지고 있다고 말할 수 있다. 흔히 월급 생활자나 전문직 자영업자들은 현재 자신이 받는 연봉이나 소득이 자신의 부(wealth)를 나타낸다고 생각하기 쉽다. 그러나 '부자아빠 가난한 아빠'로 유명한 저자 '로버트 기요사키'는 실질적인 부란 내가 일을 하지 않는 시점으로부터 얼마동안 살아남을 수 있는가에 따라 결정된다고 하였다.

그런 점에서 보면 시스템을 활용해서 Money = x^2의 소득을 창출하는 자산가들이야 말로 실질적인 부를 소유한 사람들이라고 할 수 있다. 혹자는 이러한 소득을 불로소득이라며 가치절하하는 경우가 있는데 자산가가 된 사람들은 많은 시간을 효율적으로 열심히 보낸 사람들이다. 때로는 전재산을 담보로 리스크를 부담하기도 하였다. 그들의 자산은 과거의 땀과 눈물의 결과이지 결코 불로소득이 아니다. 이들이 진정한 자본주의의 영웅인 것이다. 물론 부정하고 불법적인 방법으로 자산을 형성하고 기업을 운영하는 경우가 있기도 하겠지만 대부분의 경우는 그렇지 않다. 세상은 불로소득이 생길 만큼 그렇게 호락호락하지 않다.

Money = x^3 : 사업가의 소득구조

| 사업가의 소득 구조 |

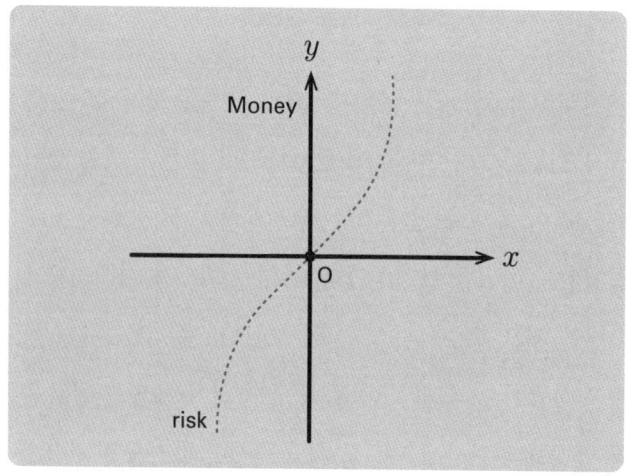

사업가의 소득은 전문가의 소득과 자산가의 소득이 복합된 형태의 그래프로 나타난다. 트랜드에 맞아 성장하는 경우에는 레버리지 효과가 극대화 되기 때문에 Money = x^2 보다도 더 가파르게 상승하는 Money = x^3 으로 나타나지만 트랜드에 맞지 않는 경우에는 손실도 레버리지 효과 때문에 극대화 된다.

사업가들의 소득구조
Money = x^3

김대리의 입사 동기인 이대리의 경우를 보자. 그는 연구직으로 회사의 연구소에 근무하면서 많은 특허를 출원하였고 이 특허 중 몇몇 아이템은 상품화 되어 회사에 수십억원의 이익을 안겨주었다. 하지만 회사가 이대리에게 보상한 것은 우수사원 표창과 부상으로 준 100만원의 특별 상여금이 전부였다. 이대리는 2년 전 뜻이 맞는 동료들과 합심하여 회사에 사표를 내고 자신들의 기술을 기반으로 하는 벤쳐기업을 창업하였다. 일부 투자도 받고 제품 개발도 하였으나 시장의 반응은 냉담하였고 실패를 인정하고 물러나야만 했다. 평생 저축했던 돈을 모두 날리고 빚더미에 올라앉은 이대리는 지금은 처갓집의 문간방에 아이와 함께 기거하면서 과거에 다니던 회사의 문을 다시 두드려 보고 있는 중이다. 자신이 연구원으로 재직하던 회사는 자신이 개발한 제품으로 돈을 벌었지만 이대리는 결국 전재산을 날리고 실패하고 말았다. 직장인들이 회사를 나와서 새로운 일을 하는데는 너무나 많은 리스크가 따른다.

인터넷 공모에서 30초 만에 청약이 마감될 정도로 인기를 끌었던 벤처 기업에 거금 1억원을 투자한 J씨는 최근 회사 소식을 전해 듣고 분을 삭이지 못하고 있다.

코스닥 등록은 커녕 언제 망할지도 모를 정도로 경영상태가 악화됐는데 정작 기술개발 등에 써야 할 돈으로 부동산 투자에 나섰다가 큰 손해를 봤다는 설명을 들었기 때문이다.

20년 이상 명동 사채시장에서 활동하고 있는 P씨는 "건국 이래 우리가 이번처럼 큰 돈이 물린 것은 처음일 것"이라면서 "주식투자를 좀처럼 하지 않았던 사채업자들이 벤처 열풍에 휩쓸리면서 장외주식에 손을 댔다가 결국 상당수가 문을 닫았다."고 말했다. 지난 99년 명동 사채업자들에게 인기를 모았던 두루넷 1개 종목에서만 최소 3,000억원에 달하는 투자손실을 기록한 것으로 나타났다.

앞의 그래프를 인용하지 않더라도 사업을 통해서 많은 사람이 손해를 보고 수표를 잘못 발행해서 감옥에 가기도 하며 보증관계로 친구 친척 모두가 함께 어려워지기도 한다. 수년간 큰 저택에 살던 사람이 한순간에 길거리로 나서는 경우가 주변에 흔하게 발생하는 것이다. 하지만 벤처 기업 성공의 예처럼 몇 년 만에 갑부가 되는 경우도 가끔은 있다. 극대의 위험과 극대의 수익이 공존하는게 사업의 세계이고 그 모든 위험을 이기고 성장한 기업가에게는 진정 아낌없는 박수를 보내고 싶다. 직장인들의 대부분이 사업을 꿈꾸지만 리스크 때문에 쉽게 시작할 수 없고, 대신 성공한 경우 이들은 자본주의의 꽃인 사업가와 자산가가 되는 것이다. 자산가 중에서는 사업가로서 자산가가 되는 경우가 가장 많다.

지금까지 직장인과 전문가, 자산가, 사업가의 소득구조를 알아보았다. 위 사례들을 종합해 보면 결국 안정적인 소득과 성장 가능한 소득을 얻기 위해서는 그에 상응하는 시스템을 만들거나 그러한 시스템에 편입하는 것이 유리하다는 것을 알 수 있었다. 여기서 시스템이라고 함은 체계적으로 소득이 창출되는 구조라고 할 수 있다. 즉, 황원장은 진료를 하지 않으면 소득이 없지만 종합병원을 경영하는 병원장은 병원의 경영만 하므로 진료를 하고 있지 않더라도 소득이 발생한다. 시스템이 있는 경우에만 소득과 더불어 시간적 여유가 발생한다. 딘트(DINT)족이라는 것이 있다. Double Income No Time의 약칭인데 맞벌이로 수입은 두배이나 서로 시간이 없어 소비를 못하는 신세대 맞벌이 부부를 지칭하는 신조어다. 이들은 소득이 늘더라도 이를 즐길 여유가 없다. 소득을 늘리는 것도 어렵지만 시스템을 갖추지 못한 사람들은 소득이 늘더라도 여유시간을 가진다는 것은 더욱 어렵다는 것이다. 문제는 누구나 이러한 시스템을 가질 수 있는가 하는 것이다. 사실 이러한 시스템을 구축하기까지는 어느정도의 시간과 노력이 필요하다. 그리고 안정화될 때까지는 어느정도의 비용과 고생을 감수할 수 있어야 한다. 시스템이 안정화될 때까지는 노력에 비해 소득이 적을 수도 있고 어떤 경우에는 상당기간 한 푼의 소득도 없이 오히려 비용이 늘어나는 일도 생긴다. 그러나 일단 시스템이 안정되기만 하면 그 이후의 소득은 지수적으로 증가할 수 있다.

저수지에서 물을 긷는 경우를 생각해보자. 물을 긷기 위해 근육을 키우고 몸을 단련하는 사람과 당장은 한 방울의 물도 얻지 못하지만 저수지로부터 자신의 논까지 물길을 내는 사람이 있다. 전자는 자신의 노력으로 그날그날 물을 댈 수 있을 것이지만 하루만 쉬거나 몸이 아파 눕게 되면 그날부터 한 방울의 물도 얻을 수 없다. 반면 후자의 경우, 처음엔 물을 얻을 수 없지만 일단 수로공사만 끝나면 그 후로는 평생동안 논에 물을 긷는 수고 없이 원하는 만큼 물을 얻을 수 있고 주변 농토의 주인들에게 수로에 대한 사용료도 받을 수 있을 것이다. 전자는 직장인들과 전문가의 방식이고 후자는 레버리지 효과를 이용한 지수적 소득 증가의 시스템을 아는 사업가 또는 자산가의 방식이라 할 수 있다.

당신은 지금 물을 긷기 위해 근육을 단련시키고 있는

가?아니면, 수로를 만드는 일에 시간을 보내고 있는가? 어느 쪽이 당신의 인생에 더 큰 소득을 안겨줄 것인가는 오래 생각하지 않아도 알 수 있는 것이다.

5%와 95%의 차이

 우리는 자신이 어떤 소득구조에 속해 있는가를 아는 것이 중요하다. 그것에 따라서 우리의 미래가 결정되기 때문이다. 당장의 소득에 급급할 것이 아니라 우리 인생의 재무계획표를 확실히 가져야 한다. 재무계획이란 우리의 재정에 관한 계획을 말한다. 자본주의 사회에서 그것은 곧 우리의 인생 전반을 규정하는 중요한 플랜의 하나다.
 일반적으로 재정을 안정화 하기위해 취하는 방법에는 두 가지가 있다. 더 벌든지 덜 쓰든지이다. 신용불량자는 번 돈보다 더 많이 쓴 사람이다. 어떤 사람이 신용카드를 한 달에 수백 수천만원씩 쓰더라도 그보다 더 많이 번다면 과소비가 아니다. 과소비란 자신의 소득에 비해서 상대적으로 많이 쓰는 경우를 말하는 것이지 절대금액을 기준으로 놓고 과소비인지 아닌지를 판단 할 수는 없다. 초등학생이 한 달에 20만원의 용돈을 쓴다면 과소비라고 할 수 있으나 1,000만원의 소득자가 20만원의 용돈을 쓴다면 구두쇠라고 할 것이다. 신용카드의 문제는 단적인 예에 불과하다. 신용카드는 다음 달의 문제이지만 우리 인생의 재무계획은 그보다 훨씬 심각하고 중요한 문제이다.

사람은 누구나 학교를 졸업하고 소득을 얻는 일정시기가 지나면 소득활동을 멈추고 노후를 맞게 된다.

이를 연령대별로 구분해 보면, 25세 때부터 직장생활을 시작한 회사원이 평균 50세까지 회사에서 월급을 받아가며 일을 한다고 가정해 볼 때 25년이란 시간을 소득활동에 종사하게 된다. 그리고 퇴직 시에 근무연한에 따라 퇴직금을 받는 것을 끝으로 우리는 퇴직당시의 연봉과 직급에 상관없이 소득 제로의 상태를 맞게 되는 것이다. 평균수명을 75세 이상이라고 하면, 소득 없이 25년 이상을 더 살아야 한다는 계산이 나온다. 우리는 보통 소득이 끝난 후에도 삶이 지속된다는 사실을 간과하곤 하는데 이는 잊

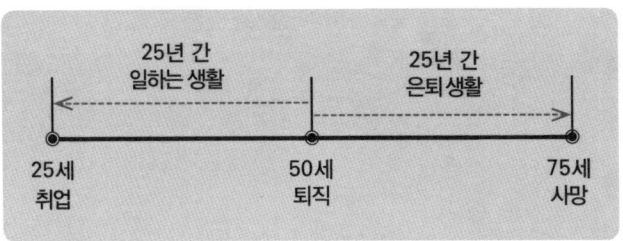

고 있기 보다는 생각하고 싶지 않기 때문일 것이다. 아무런 대책이 없는 것이다. 과연 노후에 소득 없이 살아갈 방법은 무엇인가? 퇴직금과 연금만으로는 어림도 없다. 저축이라도 기대할 수 있으면 좋으련만, 돈을 버는 동안에도 그다지 풍요롭게 살지 못한 대부분의 직장인들에게 소득이 없는 노후는 우산 없는 장마철인 것이다.

통계에 따르면, 노후에 경제적으로 안정되어 있는 사람은 5%도 채 안된다고 한다. 대부분의 평범한 사람들에게 노후대책이란 자신과는 상관없는 멀고 먼 이야기일 수 밖에 없다. 5%를 제외한 95%의 사람들은 소득 없이 불안과 결핍 속에 노후를 보내야 하는 고통을 겪게 된다.

그렇다면 이 5%안에 들 사람들과 95%에 남게 될 사람들의 차이는 과연 무엇일까? 단순한 개인의 능력차이라고

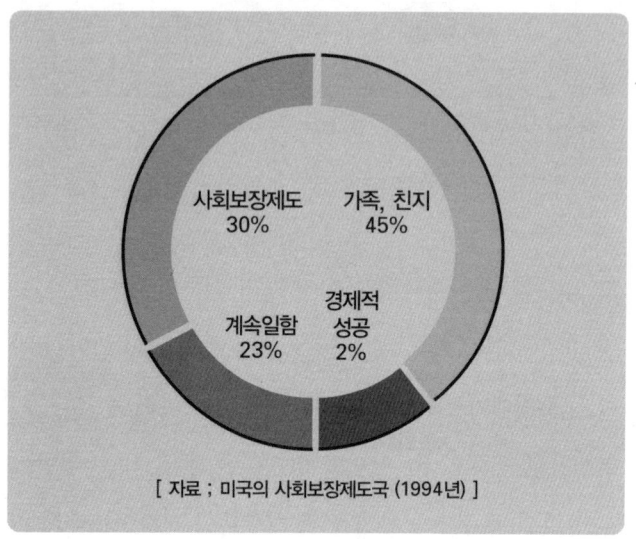

해야 할까? 물론 그런점도 배제 할 수는 없겠지만, 대부분의 경우 차이점은 그들이 택하는 서로 다른 시스템과 방식의 문제이다. 여기서 시스템과 방식이란 어떤 사고구조와 삶의 방식을 택하느냐를 말한다. 95%의 사람들은 똑같은 문제로 인해 똑같은 고통을 겪고 있다. 그 문제란 바로 자기자신을 95%에 속하게 만든 그 방식을 지금도 계속 되풀이 하고 있다는 것이다. 과정이 같다면 결과 또한 변함

이 없다는 것은 불변의 진리다. 95%에서 5%로 나아가는 길은 생각해 보면 그리 먼 곳에 있지 않다. 그것은 지금까지 자기가 옳다고 생각해 왔던 방식을 다시 한번 생각해 보는 것이다.

앞에서 말한 지렛대의 원리를 우리의 인생에서도 적극 활용해야 한다. 물론 이것은 당장 처리해야 할 서류보다 급해보이지 않고 어떤 사람에겐 지금 보고 있는 TV 프로그램이 더 흥미롭게 여겨질지도 모른다 . 그러나 조금만 깊이 생각해 보자. 하루하루 정신없이 바쁘게 지내고 있지만 대부분 자신의 인생에 있어 별로 중요하지 않은 일들에 시간을 허비하고 있는 건 아닌지…

나의 현재와 미래에 대해 생각하고 대비하는 일은 당장 시급한 일처럼 보이진 않지만 그것이 얼마큼 중대한 일인지 말이다. 이처럼 중요한 일에 시간을 보내는 것이야말로 진정으로 나의 인생을 위한 길이고, 나중을 대비하는 길인 것이다.

이런 우화가 있다.

결과가 마음에 들지 않을 때는 수단을 바꾸어 보자! 내가 즐겨 이야기하는 사업 일화 중의 하나로 중년의 나이에 부장 자리에 있던 사람의 이야기다. 이 사람은 매달 날아오는 청구서들을 근근이 갚는 데 지쳐서, 결국은 재정 전문가에게 상담을 받기로 했다. 그는 파크 애비뉴 거리의 으리으리한 건물에 있는 저명한 재정 상담가와 면담을 약속했다. 그가 고상하게 꾸며진 방에 들어서자, 비서 대신에 두 개의 문만이 그를 맞이하고 있었다. 한 문에는 '고용인' 그리고 다른 문에는 '자영인' 이라는 팻말이 붙어 있었다. 그가 '고용인' 이라고 쓰여진 문으로 들어서자 '연수입 4만달러 이상' 과 '연수입 4만달러 이하' 로 표시된 두 개의 문이 다시 그를 기다리고 있었다. 그는 연수입이 4만 달러가 채 안되니까 그렇게 표시된 문으로 들어섰다. 그곳에는 다시 '매년 2천 달러 이상 저축' 과 '매년 2천 달러 이하 저축' 으로 표시된 왼쪽과 오른쪽 두 문이 그를 맞이하고 있었다. 그의 저금 통장에는 천 달러 가량의 돈만 남아 있기 때문에 오른쪽 문으로 들어서자, 그는 바로 파크 애비뉴 거리로 다시 돌아와 있었다. 동일한 문으로 들어서면 동일한 결과에 이를 뿐이다.

- 카피켓 마케팅101에서 -

위 이야기 속의 주인공이 다른 문들을 열기 시작하지 않는 한 그가 자신의 일상 속에서 탈출할 수 없다는 것은 명백한 사실이다. 사람들이 다른 결과를 얻을 수 있는 유일한 방법은 다른 문을 열어 보기로 결정하는 것이다.

"당신이 항상 해 오고 있던 같은 일만 계속한다면, 당신은 항상 얻었던 것만 계속 얻을 것이다."

레버리지 시스템 만들기

일반적으로 쉽게 생각할 수 있는 레버리지 시스템을 생각해 보자.

자산을 증식할 방법이 별로 없는 대부분의 직장인들이 일반적으로 눈을 돌리는 것은 바로 주식이나 부동산 투자이다. 그것도 그나마 모아놓은 금융자산이 있는 사람의 경우다. 이런 돈은 은행에 넣어 봤자 저금리로 묵혀있기 십상이다.

예를 들어 정기예금에 5억원 정도를 예금했다 하더라도 매월 받을 수 있는 이자는 150만원에 불과하다. 이 정도로는 노후를 대비할 수 없다. 그러다 보니 은행 대신 주식이나 부동산으로 몰리는 것이 당연한지도 모르겠다.

먼저 주식투자의 경우를 살펴보자.

주식투자라는 레버리지 시스템

주변에서 주식으로 돈을 번 사람이 있다는 이야기를 듣

곤 한다. 그런데, 정말 벌었을까? 물론 소수의 운 좋은 사람들이 돈을 벌었을 수도 있겠지만 그것은 그야말로 극히 희박한 경우이다. 구조적으로 보았을 때 오랜 시간 주식에 투자하고 있다면 거의 돈을 벌기가 힘들다는 게 전문가는 물론 경험자들의 일반적인 이야기다.

주식투자가 유행하면서 주식에 관한 수많은 이론서들이 쏟아져 나왔지만 정작 그 저자들은 주식이 아닌 책을 통해 소득을 올렸을 뿐이다.

만일 주가지수가 2,000포인트 3,000포인트까지의 상승을 유지할 수만 있다면 주식으로 돈을 벌었다는 이야기는 어느 정도 신뢰할 수 있을 것이다. 그러나 주식은 경기변동과 사회 변화 등 투자심리 변동요인에 따라 언제나 가변적인 위험을 안고 있다. 실제로 주식시장은 사이클처럼 상승과 하락을 반복하고 있다. 따라서 주식을 하면 할수록 돈을 벌 수 있는 승산은 점점 불투명하고 때로는 주식으로 패가망신하는 사례도 심심찮게 출현하고 있는 게 현실이다. 물론 투자자들의 희비가 엇갈리고 주식시장이 문

전성시를 이룰수록 쾌재를 부르는 곳이 있기는 하다. 바로 주식관련 회사들이다. 학창시절 당구장에서 내기 당구를 치다 보면 순간적으로는 내기에 이겨 돈을 벌기도 하지만 오랫동안 지속하다 보면 모두의 수중에는 집에 갈 차비만 남게 된다. 결국 그 과정에서 꾸준히 이득을 챙긴 사람은 당구장 주인밖에 없다는 이야기와 마찬가지다.

지금도 적지않은 직장인들이 주식투자로 돈을 벌기 위하여 주식시장으로 향하고 있다. 주식으로 돈 벌기가 쉽지 않다는 주변의 이야기도 듣고 실제로 그 비슷한 사례를 보면서도 달리 방법이 없기 때문에 한가닥 희망을 걸고 객장을 벗어나지 못하고 있는 것이다. 사람들은 정확하게 제시된 통계 수치보다는 불투명하고 예외적인 운이나 예감을 더 믿고 싶어하는 경향이 있다. 그렇지만 결과가 반대로 나타났을 때는 이미 후회해도 소용이 없다. 주식투자는 확실하고 안정적인 레버리지 시스템과는 거리가 멀다.

부동산이라는 레버리지 시스템

 1970년대 이후 고속 성장을 해온 우리나라의 경우, 사람들이 재산을 축적한 방법은 부동산 투자였다. 한동안 누가 어디에 땅을 사서 부자가 됐다는 말을 심심찮게 들을 수 있었다. 실제로 주식시장과 달리 부동산 경기는 IMF 시절을 제외하고는 물가와 더불어 상승을 계속해 왔다. 주식보다는 부동산을 통해 수익을 올리는 것이 훨씬 더 쉬울지도 모르겠다. 그러나 우리보다 앞선 일본의 사례를 보면, 주목할 만한 점이 있다. 상당수의 개인 파산자들이 주식투자가 아닌, 부동산 투자로부터 생겨났다는 점이다. 그렇다면 한때 가장 안정적이라고 알려졌던 부동산 투자의 리스크는 무엇인가? 일본의 사례를 통해 알아보자.

 금리가 높고 경기가 좋았을 때 부동산 가격이 지속적으로 상승하는 것을 보고 사람들은 부동산은 안전한 투자라고 판단했다. 경기의 영향으로 부동산 가격이 하락할 수도 있다는 사실을 잊고 있었다. 금리가 낮을 때는 저금리로 대출을 받을 수가 있고 은행도 담보를 제공할 수 있는 개인 대출을 선호하기 마련이다. 따라서 경기가 안 좋을

때도 부동산은 가수요에 의해 탄력적인 상승을 지속하게 된다. 사람들은 부동산을 구입해서 세를 놓으면 은행예금보다 훨씬 높은 임대 소득을 얻을 수 있다고 생각하지만 불경기에 부동산도 예외일 수 없다. 경기 하락시에는 가수요에 의한 부동산 경기의 상승이 거품처럼 꺼지게 되고 대출금으로 부동산을 구입해 임대사업을 하던 사람들은 부동산 자산가치의 하락으로 추가 담보를 요구 받는 형편이 되고 마는 것이다.

임대소득이 아무리 은행 이자율보다 높다 하더라도 하락하는 부동산 가격을 만회할 정도는 되지 못한다. 주식투자의 경우, 신용으로 주식을 구매했다가 깡통계좌가 되는 것처럼 이 경우도 깡통부동산이라고 말할 수 있을 것이다. 깡통부동산은 부동산 가격 하락으로 이어져 장기적인 부동산 경기 침체를 불러오게 된다.

만일 융자를 받지 않거나 적은 비율의 융자로 부동산을 구입하여 임대소득을 얻고 있다면 부동산 가격의 상승과 하락에 크게 구애 받지 않고 꾸준한 임대소득을 얻을 수 있다. 하지만 레버리지 효과를 높이기 위하여 저금리라 하더라도 높은 비율의 담보를 가지고 있다면, 부동산 가격 하락시 상당한 피해를 볼 수 밖에 없을 것이다. 앞에서 말한 성형외과 황원장의 경우처럼 높은 수익을 바탕으로 안정된 담보비율을 가지고 부동산을 구입했다면 다행이지만 과도한 대출금으로 오피스텔이나 아파트를 사서 임대 소득을 얻으려 했다면 일본의 경우처럼 파산으로 이어질 가능성이 크다. 이미 많은 부동산 전문가나 경제학자들은 향후 부동산 가격이 폭락할 가능성이 있다고 예측한 바 있다.

한때 일본에서 잘 되는 사업은 한국에서도 잘 된다고 하여 일본을 배우자는 열풍이 불었던 적이 있다. 같은 논리라면 일본에서 위험한 사업은 한국에서도 위험할 수 있다는 사실이다. 부동산을 통해 자산 포트 폴리오를 추구하려는 독자가 있다면 부동산 가격 상승율과 함께 하락 가능성, 금리인상 가능성이라는 변수를 종합적으로 고려하여 이에 맞는 안정적인 담보비율을 선택해야 할 것이다. 욕심을 줄이면 위험도 줄게 마련이다. 인생은 도박이 아니다.

주식이나 부동산이 레버리지 효과를 낼 수 있는 수단이긴 하지만 레버리지란 상승과 하락 양쪽으로 작용할 수 있다는 점을 알아야 한다. 위험성이 있는 레버리지를 잘못 사용하면 커다란 경제적 손실을 입을 수도 있기 때문이다.

금융감독위원회에 의하면 GDP(국내총생산) 대비 가계부채 비중이 2002년말에 이미 미국과 비슷한 70% 이상이 되었고 과거에는 기업대출 부실로 외환위기를 겪었다면 지금은 가계대출 부실이 제2경제위기를 초래할 수 있다고 경고한다.

금감원은 국제결제은행(BIS) 비율 산정시 가계대출금에 대한 대손충당금 가중치 비율을 현행 50%에서 앞으로는 60~70%로 끌어올리겠다고 밝혔다. 정부가 얼마나 '부동산 거품'을 두려워하고 있는가를 감지할 수 있는 대목이다.

한 정부 산하 연구기관은 부동산 거품이 우리나라를 비롯한 세계경제를 공황적 상황으로 몰고 갈 수 있음을 경고했으며, "디플레이션 징후가 세계적으로 확산되고 있지만 우리나라는 오히려 부동산 버블이 임금, 물가, 금리 상승으로 이어질 가능성에 대해 우려해야 할 상황"이며, "자산가격 버블은 언젠가는 반드시 붕괴되기 마련이므로 현 수준에서 멈추도록 최대한 노력을 기울여야 한다"고 덧붙였다.

보이지 않는 자산

이제 새로운 자산을 소개하려 한다. 위에서 말한 금융자산, 건물이나 토지 같은 자산이 아니라 보이지 않는 자산이다. 21세기로 넘어가면서 이른바 '무체재산권'이라는 개념이 확립되기 시작하였다. 말 그대로 눈에 보이지는 않지만 자산의 효과를 가지고 있는 것들이고 실제로 최근에는 토지나 건물보다 더욱 강력한 자산으로 자리잡아 가고 있다.

― 개인의 능력을 자산화시킨 경우

저작권, 특허권 같은 것들이 이에 해당한다. 이런 자산은 오늘날 토지나 건물의 자산 가치를 능가하고 있다. 전

세계적으로 막대한 부를 벌어들이고 있는 베스트셀러를 떠올리면 쉽게 이해할 수 있다.

영국작가 조앤 롤링이 쓴 '해리포터' 시리즈가 그 대표적인 예이다. 해리포터 시리즈는 출판 즉시 선풍적인 인기를 끌면서 전세계 40여개국 언어로 번역되어 1억 9천만 달러를 벌어들였고, 이 책을 쓴 작가는 막대한 인세수입으로 현재 엘리자베스 영국 여왕보다 더 많은 재산을 가진 것으로 알려져 있다. 이 해리포터의 자산가치는 여기서 그치지 않고 영화와 캐릭터 상품등으로 개발되어 창작물 이상의 상업적인 부가가치를 창출함으로써 2차적인 수입을 낳고 있다. 이 책의 저작권을 소유한 작가와 출판업체에게 해리포터 시리즈는 엄청난 수익을 발생시켜주는 자산인 셈이다. 위의 사례는 개인의 특별한 재능이나 능력이 필요한 경우이다.

− 네트워크 자산

또 하나의 사례를 들어보자.

카드회사의 경우가 바로 여기에 해당한다. 이 회사가 가지고 있는 최고의 자산은 무엇일까? 그것은 바로 이 회사의 회원들이다. 이 회원들은 회사가 가지고 있는 건물이나 직원 수와는 비교도 안되는 자산적 가치를 지니고 있다. 회사의 매출이나 지명도도 모두 이 회원들의 수에 달려있다. 이와 유사한 예는 최근 벤처 회사들의 성공사례를 통해 여실이 나타나고 있다.

인터넷 포털서비스 업체인 (주)다음커뮤니케이션은 초기 인터넷 정보검색 서비스를 무료로 제공하면서 엄청난 네티즌을 모집하는데 성공하였고 회원이 된 네티즌을 대상으로 다양한 광고와 쇼핑사이트를 개설함으로써 막대한 수익을 발생시키고 있다. 일례로 다음의 온라인 종합 쇼핑몰인 "다음 쇼핑"은 2000년도에 서비스를 시작해 그 해 80억원이던 매출액이 2001년 668억원으로 급격히 상승했고 2002년 결산실적 1,641억원을 달성하는 빠른 성장세를 보였다. 초기에는 무료서비스를 제공함으로써 투자손실이 있는 것처럼 보였지만 결국 사이트를 이용하는 네티즌이 고정고객이라는 자산으로 전환되면서 막대한 수익이 창출되었다. 2003년 2월 발표에 의하면 (주)다음커뮤니케이션은 3,500만명의 회원을 가진 국내 최강의 포털업체로 자리 잡았다고 한다.

온라인 게임업체인 엔씨소프트의 경우도 마찬가지다. 엔씨소프트는 세계 1위의 온라인 게임인 '리니지'를 만든 게임회사다. 1997년 기업의 시스템을 구축해 주는 SI(시스템 통합)업체로 출발한 엔씨소프트는 SK텔레콤의 인터넷 기반 PC통신 서비스를 개발하다가 게임회사로 변신하여 98년부터 '리니지'를 만들어 서비스하기 시작했다. 자본금 1억으로 시작한 평범한 벤처회사였지만 리니지의 폭발적인 인기에 힘입어 서비스를 이용하는 수많은 회원들을 게임시장으로 끌어 모음으로써 국내 게임업체의 신화로 떠올랐다. 리니지는 수십만명이 동시에 접속해서 즐길 수 있는 온라인 게임으로 게임의 특성상 엄청난 고객을 확보할 수 있었던 것이다. 현재 리니지를 사용하는 사람은 300만명에 이른다. 이는 대구광역시의 인구보다 많은 숫자이다.

(주)다음커뮤니케이션이나 엔씨소프트의 경우, 회사의 가장 큰 자산은 그 사이트를 이용하는 고객이다. 눈에 보이지 않지만 이 수많은 회원들이야말로 제품을 지속적으로 소비해 줌으로써 막대한 수익을 가져다 주는 안정된 시장인 셈이다. 따라서 회원이 많을수록 자산효과는 높고 회사의 가치 또한 높게 평가받게 된다. 비슷한 신생업체가 생겨나더라도 많은 회원을 확보하고 있는 기존의 회사들은 경쟁에서 쉽게 지지 않는다. 즉 (주)다음커뮤니케이션이나 카드회사와 같은 서비스를 하는 업체가 새롭게 생기더라도 신생업체들은 회원을 추가로 모집하기 위해 어마어마한 진입 장벽을 넘어야 하기 때문이다.

이런 문제를 해결하기 위해 기존의 시스템에 고객들을 추가로 편입시키고 그것이 곧 나의 새로운 시스템이 될 수 있게 하는 또 다른 방법들이 생겨나기 시작했다. 이미 안정되고 검증된 시스템을 활용하는 방안이다. 물론 그것은 기존의 회사가 시스템에 편입하는 것을 허락한 경우에 한해서이다. 만일 기존의 훌륭한 시스템에 편입되어 나의 시스템을 확장할 수 있다면 이 방식은 진입비용 없이 안전하게 자산을 구축할 수 있는 길이 될 것이다. 대표적인 예가 '프랜차이즈' 방식으로 '세븐 일레븐'이나 '맥도날드' 같은 업체들이 그것이다. 또한 (주)다음커뮤니케이션 같은 기존의 포탈싸이트에 링크하여 그들의 회원을 이용한 비즈니스를 하는 방식 또한 마찬가지라고 할 수 있다. (주)다음커뮤니케이션에 링크되어 있는 회사는 판매에 대한 수수료를 내야겠지만 회원을 추가로 모집하거나 관리하는데 드는 비용을 절약할 수 있다. 이 경우가 기존의 시스템에 편입하여 이익을 창출하는 간단한 모델이라고 할 수 있다.

― 프랜차이즈모델

'가맹점'을 내는 것을 말하는데 이는 20세기에 가장 성공적인 사업모델로 이미 검증된 방식이다. 이것은 일종의 모방이다. 기존업체의 안정된 브랜드나 서비스를 그대로 나의 시스템으로 차용하는 것이다.

프랜차이즈란 체인 본사(franchisor)가 가맹점(franchisee)에 조직, 교육, 상품공급, 영업, 관리, 점포개설 등의 노하우를 브랜드와 함께 제공함으로써 사업을 영위해 가는 관계를 말한다. 다시 말해 제조업체나 판매업체가 본사가 되고 독립소매점이 가맹점이 되어 소매영업을 체인화 하는 사업 형태다. 이 경우 가맹점은 본사에 가맹비, 로얄티 등 일정한 대가를 지불하고, 본사의 지도와 협조를 통해 독립된 사업을 운영해 나가는 것이다. 한마디로 프랜차이즈 비즈니스란 본사와 가맹점 간의 협력 시스템이라고 할 수 있다.

오늘날 전세계적으로 인기를 끌고 있는 맥도날드가 대표적인 사례라고 할 수 있다. 누구라도 일정한 조건을 갖추고 대가를 지불하면 맥도날드라는 브랜드를 내걸고 사업을 할 수 있다. 이러한 프랜차이즈 사업을 통하면 본사로부터 창업과 관련된 전문 경영 컨설턴트나 영업 노하우 등을 지원 받을 수 있어 비교적 적은 위험으로 시장에 안전하게 진입 할 수 있다는 장점이 있고 안정된 수익을 보장 받을 확률도 높다. 그렇지만 위험이 전혀 없는 것은 아니다. 우선 개업을 하는 경우 개업비를 포함해서 상당한 초기 자본이 요구되기 때문에 보통의 직장인들은 쉽게 창업할 수가 없고 본사가 일괄적으로 가맹점의 운영방식을 규정하기 때문에 자발적인 사업경영이 이루어지기 힘든 것이 특징이다. 또한 기존의 프랜차이즈 사업자가 새로운 프랜차이즈를 개업할 수 있는 권한이 없기 때문에 소득의 증대는 제한적이고 Money = x 라는 일차적인 성장에 머물 수 밖에 없다.

김대리의 레버리지 시스템 만들기

지금 우리는 우리 자신의 레버리지 시스템을 만들기 위한 방안을 검토하고 있다. 그런데 문제는 직장인의 현실이다. 주식이든 부동산이든 프랜차이즈든 직장인에겐 꿈 같은 소리일 뿐이다. 대부분의 직장인들은 자산적 레버리지는 커녕 자신과 가족들이 살 주택 하나 마련하는데도 평생을 바친다. 앞에서 말했듯이 직장인들의 소득은 사업가에 있어서는 비용의 항목인데 어떤 사업가도 회사의 지출을 증가시켜가며 직원들이 집을 장만할 만큼 충분한 월급을 지불하지 않기 때문이다. 결국 직장인들에게는 레버리지 시스템을 만들 변변한 수단이 없다. 지금보다 백 배 정도의 노력을 더한다고 해도 Money = $\sqrt{x}$ 라는 근본적인 소득구조의 한계를 벗어나기란 쉽지 않다.

그렇다면 직장인들은 영영 자신의 레버리지 시스템은 만들 수 없는가? 김대리는 계속 과외 학생을 늘려가며 공인중개사 자격증에 노후를 맡겨야 하는가?

다행히 그렇지 않다. 시간과 노력을 들여 레버리지 시스템을 만들 수 있는 방법이 있다.

— 네트워크 마케팅

20세기에 들어 가장 큰 변화는 정보통신의 발달과 인터넷의 등장이었다. 이런 변화와 함께 새롭게 등장한 마케팅 방식이 앞에서 언급한 프랜차이즈 방식이다. 프랜차이즈의 장점은 성공적인 사업모델을 차용한다는 것이다. 하지만 사업 확장적 측면에 있어서 새로운 프랜차이즈를 개설할 수 없다는 단점이 있다. 프랜차이즈와 유사한 네트워크 마케팅은 퍼스널 프랜차이즈라 할 수 있는데 소비자 네트워크를 형성하면서 수익을 창출해 나가는 모델이다. 네트워크 마케팅의 가장 큰 장점은 진입비용이 없다는 것과 확장이 용이하다는 것이다. 따라서 특별한 자산이 없는 사람들도 충분히 도전해 볼 수 있다. 또 이 마케팅은 스스로 프랜차이즈를 개업할 수 있는 한층 진보적인 형태의 비즈니스로서 개인은 위험 부담없이 시스템에 편입되어 네트워크를 확장시켜 나갈 수 있다. 이러한 네트워크 마케팅 시스템이 정착되면 건물이나 토지 이상의 자산적 가치를 가지는 것은 물론이며 상당한 수준의 소득을 기대할 수 있다. 물론 네트워크 마케팅이라는 사업 방식도 시스템에 기초한 사업이므로 시스템이 구축되기 전까지 소득은 기대에 못 미칠 수 있다. 그러나 일단 시스템이 정착되고 나면 지수증가의 원리에 의해 돈 버는 일을 멈출 수 없다. 특히 네트워크를 통한 레버리지는 상승시 효과가 극대화 되고 하락시에는 투자한 자산이 없기 때문에 위험도 없어 부동산보다 훨씬 안전한 소득구조라 할 수 있다. 더욱이 이 사업은 현재 갖고 있는 직장이나 비즈니스와 병행하여 진행할 수 있고 여가시간을 투자하여 사업을 진행해 나간다는 점에서 더 없이 좋은 비즈니스 아이템이다.

자산가는 한번에 큰 돈을 들여 건물을 사겠지만 평범한 직장인들은 이런 네트워크 마케팅방식을 활용하면 건물을 쪼개어 조금씩 나눠 사는 것과도 같은 이치다.

이 경우 투자자산 회수에 대한 리스크와 현재의 직업을 포기하고 새로운 사업을 시도하는데 발생하는 기회비용의 리스크를 피할 수 있다.

아직까지 네트워크 마케팅이 경영이나 비즈니스 분야에 상당한 전문지식과 노하우가 있는 사람만이 할 수 있는 일처럼 느껴지는 사람이 있을지도 모르겠다.

하지만 그렇지 않다. 아직은 생소하고 낯설겠지만 당신과 같은, 이세상의 수 많은 김대리들이 어떻게 자산가가 될 수 있는지 다음 장에서부터 차근차근 살펴보자.

부자들의 시스템
Money=x^2

제2장

변화를 읽으면 대비할 수 있다

1+1=2

모든 결과에는 이유가 있다.

1+1=2 일뿐,

3도 4도 아니다.

미래를 대비하기 위해서는

지금 변화해야 한다.

— 저자 —

제 2 장
변화를 읽으면 대비할 수 있다

유통시스템

제조시스템에서 유통시스템으로

생산 수준이 낮고 문명이 발달되지 않았던 과거에는 모든 것을 직접 생산해야만 했다. 그래서 물건을 자급자족하던 농경시대에는 별도의 유통이 필요하지 않았고 고작 물건을 물물교환하는 방식 정도였다.

그러나 문명이 발달하고 복잡해지면서 더 많은 제품들과 기술력이 필요하게 되었고, 마침내 18세기 후반 영국의 제임스 와트가 증기기관을 발명함으로써 산업혁명의 서막을 열었다. 이후 공장에서 대량으로 물건을 생산, 제조하는 산업화 시대가 열렸다.

미래학자 '앨빈 토플러'가 말한 제2의 물결인 산업사회의 도래였다.

산업사회의 도래는 인간의 '노동'이 생산의 주요소로 자리잡던 시대에서 '기술'과 '자본'이 주요소로 등장하는 중요한 전환점이 되었다.

또한 지속적인 기술혁신을 통한 원가절감 경쟁도 계속되었다.

이런 과정이 지속됨에 따라 품질 좋고 값싼 대량의 제품들이 시장에 쏟아져 나오며 공급은 수요를 초과하기 시작했다.

이제 좋은 제품을 값싸게 만드는 일보다는 만들어진 제품을 어떻게 팔 것인가가 문제였다. 즉, 상품의 제조보다 유통이라는 분야가 중요해지기 시작한 것이다.

예를 들어 산업화시대 초기에 실질적인 부의 원천이 생산과 제조부분에 존재했다면 산업화가 진전됨에 따라 오늘날에는 제조보다는 유통분야가 새로운 부의 원천으로 자리잡았다.

재래식 유통시스템

제품이 생산되어 소비자에게 이르기까지는 많은 과정을 거치게 된다.

| 재래식 유통의 단계 |

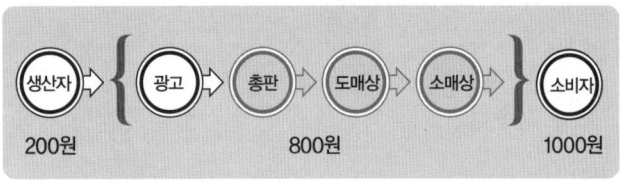

즉 공장에서 제조된 상품은 곧바로 소비자에게 전달되는 것이 아니라 위와 같은 여러 유통 과정을 거쳐서 소비자들에게 전달된다.

그리고 생산된 제품을 알리기 위해서는 광고도 필요하게 되었다.

따라서 최종소비자가에는 생산자에게 돌아가는 20%의 원가와 80%의 광고 및 유통마진이 포함되어 있다.

여기서 생산자는 많은 물건을 팔려고 하고 소비자는 필요한 한두가지의 물건만 사려하기 때문에 광고업자와

재래식 유통에서의 원가 비중
생산 (20%) + 광고와 유통마진 (80%) = 소비자 가격 (100%)

유통업자는 생산자와 소비자 양쪽의 욕구를 충족 시켜가며 그 대가로 80%의 몫을 가져가는 것이다.

하지만 제품의 질과 관련 없이 지불되고 있는 광고와 유통비용을 절감할 수만 있다면 생산자와 소비자 모두에게 유리할 것이다.

더 싸게 더 편리하게 제품을 공급하려는 의지는 유통업을 더욱 발전하게 했다. 이제 마케팅이 중요해지면서 유통이 제조를 지배하게 된 것이다.

재래식 유통에는 백화점, 슈퍼마켓, 편의점 등이 있다. 재래식 유통의 가장 큰 장점은 접근이 쉽다는 것이다. 가격은 다소 비싸더라도 집 근처에서 편리하게 물건을 구입할 수 있다.

하지만 유통단계가 많고 복잡하기 때문에 소비자에게 결코 가격적인 만족을 주지 못하고 소비자의 취향에 맞는 상품 구색과 서비스를 제공하는데도 한계가 있다.

백화점은 오늘날 재래식 유통단계에서 편리하며 유통의 소모비용을 비교적 합리적으로 조정하고 있는 곳이다. 무엇보다 백화점은 쾌적하고 편리하며 친절한 안내와 서비스를 받을 수 있어서 쇼핑의 즐거움까지 얻을 수 있다.

그러나 대규모 자본으로 많은 구색을 갖출 수는 있지만 접근 용이성이 떨어지고 가격 경쟁력은 다른 재래식 유통보다 열악하다.

예를 들어 백화점에서 파는 10만원짜리 일부 수입화장품의 원가는 대략 7,000원으로 판매가가 수입원가의 최고 12.2배에 달한다.

시내중심가의 비싼 땅값, 각종 편의시설과 쾌적한 환경, 고객유치를 위한 이벤트와 광고 비용들이 고스란히 소비자의 부담이 되기 때문이다.

유통의 진보에 따라 대형 할인점과 같은 새로운 유통방식의 출현으로 재래식 유통업체들은 서서히 침체국면으로 접어들고 있는 상황이다.

가격파괴와 할인점 시스템

처음 할인점이 등장했을 때 '가격혁명'이라는 문구가 소비자를 강력하게 유혹했다. 실제로 소비자들은 백화점보다 훨씬 저렴한 가격의 할인점으로 모여들었다.

똑같은 브랜드와 제품을 백화점보다 싼 값에 연중 무휴로 구입할 수 있었기 때문이었다.

할인점의 '가격혁명'은 유통의 혁신에서 비롯되었는데, 심지어 소매상이 도매상에서 구입하는 가격보다도 더 싼 값으로 물건이 팔리는 경우도 있었다. 더 이상 재래식 소매상은 설자리가 없게 된 것이다.

즉, 많은 유통단계를 거치는 재래식 유통에서 소비자들은 비싼 가격에 물건을 구입할 수 밖에 없었는데, 이런 불합리한 구조를 개선하기 위해 유통의 단계를 대폭 줄인 곳이 할인점이다.

| 할인점의 유통 경로 |

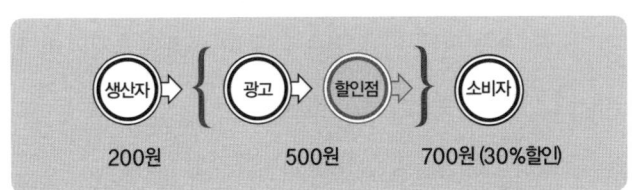

미국의 대표적인 할인점인 월마트(Wal-Mart)와 케이마트(K-Mart)가 처음 영업을 시작한 것은 1962년이었다.

소비자들에게 20~30% 정도 싼 가격에 물건을 공급하면서, 점차 상권을 확장해 나갔다. 처음엔 누구도 월마트의 성공을 예측하지 못했지만 할인점은 기존의 재래시장을 잠식해 나갔고 현재는 우리나라 1년 예산의 2배에 해당하는 매출을 기록하며 세계 최대의 유통업체로 성장했다.

국내의 경우는 1993년 11월 이마트 창동점을 시작으로 하여, 1996년 유통시장의 개방과 함께 급성장하였다. 중소형 백화점들이 대형백화점에 흡수되고, 대형 백화점들은 할인점 시장에 본격적으로 뛰어들었다.

국내 할인점업계는 불과 10년 만인 2003년에 19조 2천억의 매출을 기록하며 70년의 역사를 가진 백화점(17조 2천억)을 추월하였으며, 2004년 매출은 21조 4천억으로 전년보다 10% 신장하였다. 2005년도는 전년대비 14% 신장한 24조 4천억원에 이를 것으로 보여 백화점업계와의 격차는 갈수록 커질 것으로 전망된다.

그렇다면 할인점의 성장은 어디까지일까?

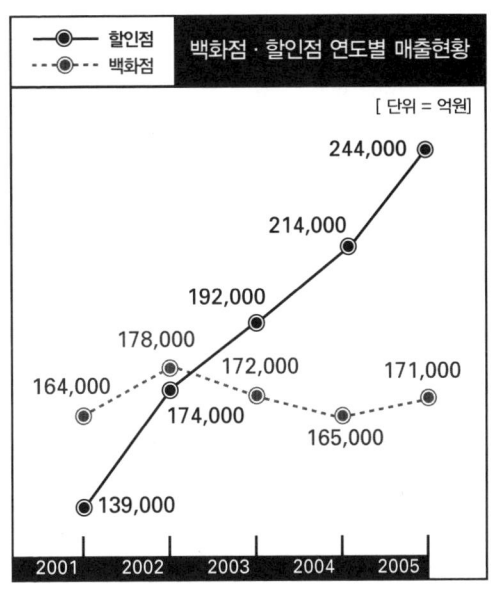

| 자료: 2005년 신세계 유통산업연구소 |

 할인점은 TV홈쇼핑, 인터넷 쇼핑몰과 함께 유통시장을 주도할 손색없는 '신유통 3인방'으로 자리를 굳혔다. 그러나 덩치는 분명 커졌지만 정작 내실을 들여다보면 사정이 다르다.

 가장 큰 문제는 수익성이 지나치게 낮다는 것이다. 수익률이 백화점의 60~70% 수준에 불과하며, 저가판매 정책의 결과 판매 이익률도 15~16% 대에 그치고 있다. 이에 따라 도태와 퇴출, 인수와 합병 바람이 거세게 불 것이라는 전망이 지배적이다.

이미 세계 유통업계의 1, 2위를 다투는 월마트와 까르푸가 한국 시장에서 철수를 결정한 바 있다. 특히, 월마트는 업계 5위라는 명예롭지 못한 타이틀을 달고 2005년 한 해 동안에만 100억원의 적자를 내는 등 고전을 면치 못하다가 세계 1위 기업이라는 명성에 먹칠을 하며 쓸쓸히 물러나고 말았다. 국내 유통업계는 월마트와 까르푸의 퇴출이 할인점의 수익성 악화에 따른 필연적 결과라는 점에서 본격적인 구조조정의 신호탄으로 받아들이고 있다.

실제로 할인점의 강점은 위협받고 있는 상황이다. 할인점이 폭발적으로 성장한 데는 '저가격 정책'이 한몫을 했었다. 그런데 지금은 TV홈쇼핑과 인터넷쇼핑이라는 예상치 못한 복병을 만났다. 실질적인 가격 혜택을 놓고 볼 때 '알뜰쇼핑 1순위'는 단연 홈쇼핑과 인터넷 쇼핑몰이다. 앞으로 인터넷이 생활의 일부인 20대와 30대가 실질적인 소비계층으로 떠오를 때는 또 다른 쇼핑문화가 도래할 수밖에 없다.

홈쇼핑 시스템

통신기술의 발달과 인터넷 인구의 증가로 더욱 활기를 띠고 있는 홈쇼핑은 전화나 케이블 TV, 인터넷 등을 통해 소비자가 직접 물건을 주문하여 집으로 배달 받는 방식이다. 소비자가 제품을 구입하기 위해 반드시 매장을 들러야만 하는 기존의 방식과는 달리 무점포, 직접 주문배달 형식으로 시간절약과 편리성이라는 두 마리 토끼를 모두 잡을 수 있다.

| 홈쇼핑 유통 경로 |

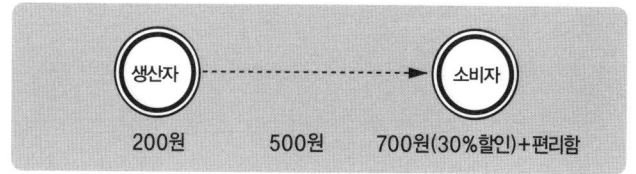

홈쇼핑 방식의 장점

1. 저렴한 가격
2. 편리함(교통비, 시간 절약)

이런 홈쇼핑의 대표적 주자는 TV홈쇼핑으로써 국내에는 LG홈쇼핑과 CJ Mall을 필두로 2001년에는 현대홈쇼핑, 농수산TV, 우리홈쇼핑 등 후발 업체들이 가세하며 이른바 TV홈쇼핑의 전성시대를 맞고 있다. 2002년에는 창업 7년차의 LG홈쇼핑이 20년간 부동의 1위를 지켜온 롯데 백화점 명동점의 매출을 앞질렀다.

길지 않은 역사에도 불구하고 홈쇼핑 매출액은 2003년 약 5조원 규모로 성장했고 이후에도 꾸준히 상승해 2008년에는 10조원의 시장을 이룰 것으로 전망되고 있다.

홈쇼핑은 적은 자본과 인력만으로도 운영이 가능하므로 할인점보다 유리한 조건으로 소비자들에게 물건을 공급할 수 있고 소비자 입장에서는 시간적, 공간적 제약을 받지 않으면서 최소의 경비로 원하는 물건을 구입할 수 있는 장점이 있다. 특히 정보통신 기술의 발달과 인터넷 문화 정착으로 홈쇼핑의 성장 가능성은 더욱 커지고 있다.

기존 도서구매의 판도를 바꾼 대표적인 성공사례가 바로 24시간 운영되는 인터넷 서점 yes24.com, 인터파크 등이다.

yes24는 98년 설립된 국내 최초의 인터넷 서점으로 오프라인 서점에 비해 10%이상 싸게 판매하면서도 체계적인 배달 시스템으로 배송기간을 대폭 줄였다.

이처럼 인터넷 홈쇼핑을 이용한 사이버 시장은 앞으로 점점 늘어날 추세이고 21세기를 대표하는 유통방식으로 자리잡아 갈 것이다. 그러나 이런 첨단 유통방식에도 아직 개선의 여지가 남아 있다. 인터넷 홈쇼핑 역시 제조업체와 소비자 사이의 중간 유통형태가 대부분이고, 또 실질적인 구매로 이어지기까지는 엄청난 양의 광고비를 쏟아 부어야 하므로 유통단계의 비용을 좀더 효율적이고 합리적으로 조정해야 할 필요가 있다.

유통시스템 편입을 통한 자산구축
– 프랜차이즈

지금까지 재래식 유통시스템에서 인터넷 홈쇼핑 시스템까지 유통의 발달을 통해 어떤 시스템이 경쟁 우위를 가지며 시장을 지배해 오고 있는지를 알아보았다.

현재는 여러 유통시스템들이 공존하고 있지만 시간이 흐를수록 격차가 벌어지고 낡은 시스템은 새로운 시스템으로 대체되어 갈 것이다.

유통시스템의 변화 속에서 직장인 김대리가 Money = x^2 의 시스템을 소유할 수 있는가라는 관점으로 돌아가 보자.

앞에서 알아본 유통시스템은 모두 대자본이 필요하다.

자본의 한계를 가진 직장인 김대리로서는 이런 시스템을 소유하기가 쉽지 않다. 여전히 시스템의 대상인 소비자로 존재할 수 밖에 없다.

시스템을 소유하기가 쉽지 않다면 시스템으로 편입하

는 방식을 이용할 수도 있을 것이다.

프랜차이즈 방식은 시스템의 대상에서 시스템으로 편입하는 방법을 제시한다. 이미 검증된 시스템 속에 편입할 수만 있다면 안전하게 자신의 레버리지를 만들 수 있다. 그러한 방식의 대표적인 사례가 바로 프랜차이즈 사업이다. 가맹점이 되는 개념인데 이 아이디어는 이미 미국에서 20세기 가장 성공적인 모델로 각광을 받았다.

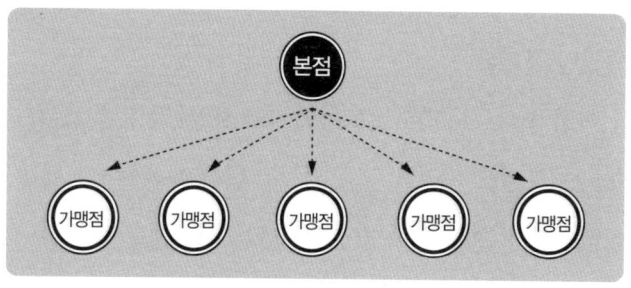

맥도날드는 대표적인 프랜차이즈 모델이다.

처음 맥도날드가 생긴 곳은 캘리포니아의 샌 버나디노라는 도시였다. 맥도날드는 저렴한 가격과 소비자들의 입맛에 맞는 햄버거로 곧 대중의 인기를 끌었다. 문제는 맥도날드의 햄버거를 먹기 위해 타지역 사람들은 장거리를 이동해야 한다는 것이었다.

이런 문제를 해결해준 것이 바로 프랜차이즈였다.

누구든지 일정한 조건을 갖추고 투자 할 의사가 있다면 가맹점을 설치해 맥도날드 햄버거를 팔 수 있도록 사업권을 준 것이다. 말하자면 가맹점의 주인이 되는 투자가는 성공적인 모델을 복제함으로써 신규사업의 위험이나 실수를 피할 수 있고 가맹점을 설치 해 주는 본사는 시스템을 팔아서 자사의 시장점유율을 높이는 효과를 얻을 수 있었던 것이다.

이런 방식으로 맥도날드는 전세계 101개국에 총 21,000개의 맥도날드 지점을 갖게 되었고 한때 매 8초마다 세계 어디에선가 새로운 지점이 생겨나는 성장세를 보이기도 했다.

국내에도 맥도날드는 물론 피자헛, 파파이스, 베스킨라빈스, 각종 외식업체, 세븐일레븐등의 프랜차이즈 모델이 들어와서 성업을 이루었고 한때는 프랜차이즈 붐이 일 정도로 투자가들의 관심이 높았다. 그만큼 수익률이 높고 안전했기 때문이다.

그러나 프랜차이즈 역시 김대리의 몫은 아니다.

가맹점을 개업하려면 초기자본이 필요하고 매달 매출의 일부분을 가맹점 수수료로 지불해야 하며 종업원 채용 및 매장 운영에도 상당한 비용이 들기 때문이다. 그리고 전적으로 시간을 투자해야 한다는 점에서 기존의 Money = x 의 구조와 크게 다르지 않다.

더구나 요즘은 가맹점의 증가로 시장이 포화되면서 프랜차이즈 사업도 점차 경쟁이 치열해지고 있다. 한마디로 프랜차이즈의 장점인 안정적인 수입의 보장이 흔들리게 된 것이다.

전 세계적인 성공사례로 손꼽혔던 맥도날드조차도 2002년 역사상 첫 분기 적자를 내면서 경영악화를 겪고 있고 급기야 대규모 구조조정이 불가피하게 되었다. 이에 따라 맥도날드사는 2002년에 1천개의 신규점포를 개설한 데 반해 2003년에는 신규 점포 확장계획을 360개로 축소하였다. 한편 일본 맥도날드의 경우는 2002년 한해 23억 엔 정도의 적자가 났고 100여개의 점포를 폐쇄한 바 있다.

국내 시장도 마찬가지다.

KFC는 서울 종로에 있는 핵심 점포 두 곳을 잇따라 폐점했다. KFC측은 건물 임차계약이 만료됐기 때문이라고 밝히고 있으나 업계에서는 패스트푸드 시장을 휩쓸고 있는 극심한 불황이 낳은 결과로 보고 있다.

버거킹과 맥도날드, 롯데리아 등 다른 패스트푸드 업체도 사정은 마찬가지다. 매출이 뚝 떨어져 임차료도 제대로 내지 못하는 점포도 상당수에 달한다. 국내 시장 45%를 점하는 롯데리아(www.lotteria.co.kr)는 2001년도에 비해 2002년 매출이 10%이상 감소했다. 맥도날드와 KFC, 버거킹 등 외국 업체들도 2001년보다 2002년 매출이 10~20% 떨어졌다. 패스트푸드 업계 전체가 심각한 위기에 직면한 것이다.

패스트푸드 업계의 이런 경영난은 이제 기존 프랜차이즈 사업의 한계를 보여주고 있다.

김대리의 프랜차이즈 사업도 언젠간 시장의 포화문제에 직면하게 되고, 김대리는 그저 하나의 가맹점주일 뿐 더 이상의 확장이 불가능하다는 한계를 갖는다.

그렇다면 가맹점의 상승효과를 최대한 살리면서도 단점을 뛰어넘는 새로운 방식의 마케팅은 없을까?

이런 요구에서 출현한 새로운 마케팅 방식이 바로 다음에서 설명하게 될 네트워크 마케팅이다.

가맹점이 일정한 레버리지 효과를 가졌음에도 불구하고 여전히 제한적인 기회에 그쳤다면, 이 새로운 가맹점 방식의 네트워크 마케팅은 훨씬 더 많은 보통 사람들에게 그들 자신의 레버리지 자산을 소유할 수 있는 비즈니스의 기회를 제공하고 있다.

유통시스템 편입과 확장 모델, 네트워크 마케팅

네트워크 마케팅은 성공이 검증된 시스템을 복제할 수 있다는 프랜차이즈 모델의 장점을 활용한 새로운 유통방식이다.

프랜차이즈와는 달리 네트워크마케팅은 시스템에 편

입하기 위한 초기자본이 거의 필요 없고, 리스크도 없으며 내가 가맹점이 되는 동시에 또 다른 가맹점을 낼 수 있는 권리가 있다.

앞서 말했듯이 유통단계가 짧을수록 소비자는 저렴한 가격에 물건을 구입할 수 있다.

그런데 인터넷을 이용한 홈쇼핑도 사실은 중간 유통업체를 거치게 되므로 마진은 여전히 소비자 부담으로 남는다.

그렇다면, 제조업체가 물건을 소비자에게 직접 유통시키는 방법은 어떨까?

이러한 직접 유통방식은 당연히 가격면에서 제일 유리하다. 그러나 직접 유통방식을 취하더라도 제품에 대한 광고나 홍보 비용은 어쩔 수가 없다.

오늘날 유통에서 광고가 차지하는 비중은 매우 크다.

우리는 TV, 라디오, 신문, 전단지, 인터넷 사이트 등 수없이 많은 대중매체에서 쏟아내는 광고의 홍수 속에 살고 있으며, 이러한 광고비는 물건의 최종 구매가격에 고스란히 포함되어 있다.

소비자는 광고업체들에게 돌아가는 수익만큼 가격 부담을 안게 되는 것이다. 생산자 입장에서도 광고비는 대단한 부담이다.

인터넷 서점 아마존의 경우를 보면 광고비가 얼마나 큰 부담이 되는지를 단적으로 보여준다.

반즈앤노블은 미국 전체 서적 시장의 15% 정도를 점유하고 있다. 그런데 이 시장에 아마존이 참여하여 채 5년이 안되는 기간동안 전체의 5%에 달하는 시장을 잠식하면서 서적 판매시장에 돌풍을 일으켰다.

그러나 1999년까지 아마존(Amazon)의 광고 마케팅 비용은 매출액의 22~27%수준이고, 이토이즈(e-Toys)의 경우는 무려 46~62%에 이른다. 아마존은 광고등의 마케팅 비용문제로 물건을 팔면 팔수록 적자가 확대되고 있다.

반면에 네트워크 마케팅에서는 소비자의 구전광고를 활용한다.

대부분의 소비자들은 아직도 대중매체 광고를 통해 물품을 구입하고 있다. 그러나 소비자가 제품을 선택하는 가장 직접적인 원인은 소비자의 구전광고이다.

구전광고란 소비자가 먼저 제품을 써 보고 품질에 만족하면 다른 사람들에게 그 경험을 전하는 것을 말한다.

언뜻 들으면 아주 원시적인 방법 같지만 효과는 아주 크다. 영화의 경우 흥행여부는 대중매체 광고와는 크게 상관이 없다. 영화는 직접 영화를 관람한 사람들의 입소문에 의해 성패가 결정된다.

최근에는 국내 기업들도 소비자들의 구전광고 효과에 주목하고 있다.

르노 삼성자동차의 경우가 대표적인 예이다.

삼성의 자동차 사업 포기로 애프터서비스나 부품 조달이 원활하지 못하고, TV광고도 많이 하지 못한 상태에서 SM5의 초창기 판매량이 3,000대에서 매 분기별로 상승하면서 2001년 7월에는 월간 기준 판매량은 7,000대를 웃도는 결과를 나타냈다. 그 원인은 바로 '택시기사들의 구전광고'에 있었다.

르노 삼성자동차는 SM5 택시 기사들을 위해 무상 점검

서비스, 퀵 서비스 코너 및 자가 정비코너 등을 운영하며 특별 서비스를 제공해 왔고 고객들이 직접 품질을 경험할 수 있도록 10만Km 이상을 주행한 SM5의 시승기회를 마련하여 직접 체험한 고객들의 입소문을 통해 큰 광고효과를 보았던 것이다.

이와같은 구전마케팅이 실제로 큰 성과를 거두자 많은 기업들이 앞다투어 '체험마케팅'이라는 이름으로 고객에게 직접 제품을 홍보하는 행사나 이벤트를 기획하고 있다.

생활용품 전문업체인 P&G나 유한킴벌리, LG생활건강 등도 이런 구전마케팅의 효과를 노리고 소비자들에게 직접 제품을 나눠주는 등 적극적인 전략을 취하고 있다.

LG패션의 경우는 아마추어 골프대회의 유치를 통해 직접적인 고객확보와 홍보전략을 펼치고 있는데 자체 분석에 따르면 '5억원을 들여 50억원의 광고효과'를 거두는 결과를 낳았다고 평가하고 있다.

이러한 구전광고 전략은 현재 국내외 자동차 업계는 물론, 패션, 음료, 생활용품에 이르기까지 다양한 분야에서 뛰어난 마케팅 전략으로 떠오르고 있다.

그런데 이런 구전광고가 강력한 효과를 나타내는 것은 제조업자의 입장에서 봤을 땐 별도의 광고 비용 하나 들이지 않고 물건이 팔려나가는 것 같지만 사실상은 소비자들이 충실한 광고업체가 되어 구전광고를 한 결과이다.

일반적으로 사람들은 자신의 체험을 누군가에게 말하려는 습성이 있다.

기존에는 구전광고를 한 소비자들이 누구인지 알 수도 없었고 혹시 안다 하더라도 특별히 보상 해 줄 필요성을 느끼지 않았을 뿐만 아니라 그런 시스템도 없었다.

그런데 네트워크 마케팅에서는 바로 이러한 구전광고를 통해 물건이 팔리는데 실질적으로 기여한 소비자들에게 경제적인 보상을 해주는 시스템이다.

일단 소비자들은 인터넷 홈쇼핑몰의 회원으로 가입한 다음 자신이 원하는 제품을 클릭하고 결제하면 회사는 소비자의 집 앞까지 택배로 배달해준다. 여기까지는 일반

홈쇼핑몰과 똑같다.

| 네트워크 마케팅 방식 |

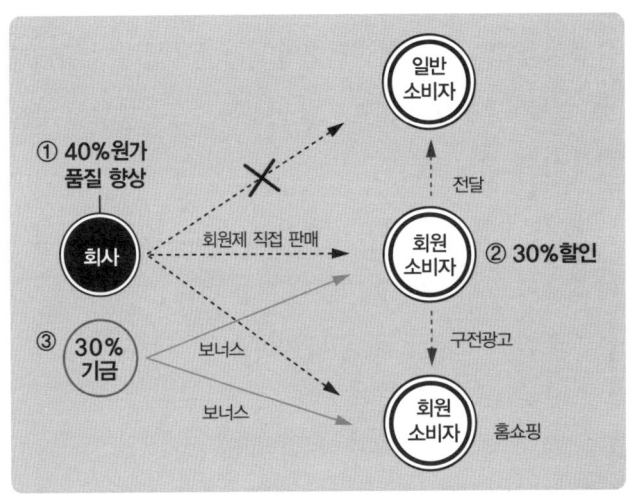

그러나 네트워크 마케팅은 광고와 중간 유통단계를 거치는 대신에 이 기능을 소비자가 직접 담당하게 함으로써 거품이 빠진 80%의 광고, 유통비용을 다양한 방법으로 소비자에게 돌려줄 수 있게 된다.

즉, 광고 및 유통을 단순화 시킴으로써 소비자에게 싼 가격으로 할인해 주는 한편, 연구개발비 등에 추가로 투자하여 품질 좋은 제품을 생산한다. 더구나 품질과 가격에 자신이 있음으로 마음에 들지 않으면 이유를 묻지 않고 환불해주는 100%만족 보증제도를 실시하고 있다.

품질 좋고 가격이 합리적이며 택배까지 될 뿐만 아니라 100%만족 보증까지 되므로 소비자들은 구전광고를 마음 놓고 할 수 있게 된다.

구전광고를 받은 다른 소비자는 자신도 회원에 가입하여 홈쇼핑을 할 것이고 그들이 또한 만족했다면 다른 사람들에게 구전광고를 하게 될 것이다.

지속적인 구전광고를 통한 네트워크 형성의 조건
1. 품질이 우수하다.
2. 가격이 품질 대비 저렴하다.
3. 편리하다. (배달)
4. 100% 만족보증이 된다.
5. 구전광고 노력에 대한 보상이 있다.

구전광고가 지속적으로 일어나게 하기 위해서는 구전

광고의 노력에 대해 보상을 해 주어야 한다. 광고와 유통에서 줄인 30%를 적립금 형태로 모아 두었다가 일반 소비자들에게 그 기여도에 따라 나눠주는 시스템이 네트워크 마케팅이다. 네트워크 마케팅은 소비자 관점에서 가장 유리한 방식인 것이다.

네트워크 마케팅으로 판매되는 모든 제품에는 점수가 있다.

나의 점수,

내가 소개한 사람의 점수,

내가 소개한 사람이 소개한 사람의 점수...

그래서 네트워크 마케팅 회사들은 회원 가입시 자기에게 구전광고를 해 준 회원의 번호를 기입하도록 하여 모든 구전광고의 전달 경로를 파악해 놓는다. 이렇게 파악된 전달 경로를 기초로 하여 매출액의 약30%정도를 보너스로 지급하고 있다. 유통과 광고가 모두 소비자의 몫이고 그 보상도 소비자에게 돌아가게 되는 것이다.

김대리는 현명한 소비를 하면서도 구전광고를 통해 주

변에 자신과 같은 소비자들을 만들어 가는 방식으로 유통 시스템에 편입되어 스스로 가맹점이 되고 또 가맹점을 모집한다. 그렇게 수 없이 많은 가맹점이 생겨나면서 시스템은 확장된다.

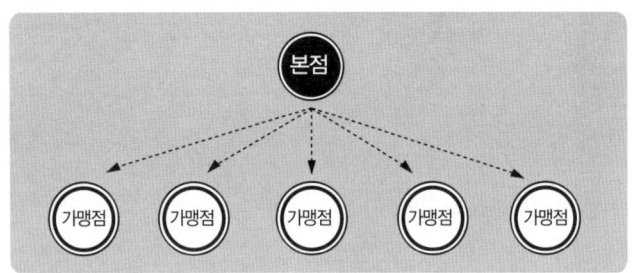

| 프랜차이즈 방식 |

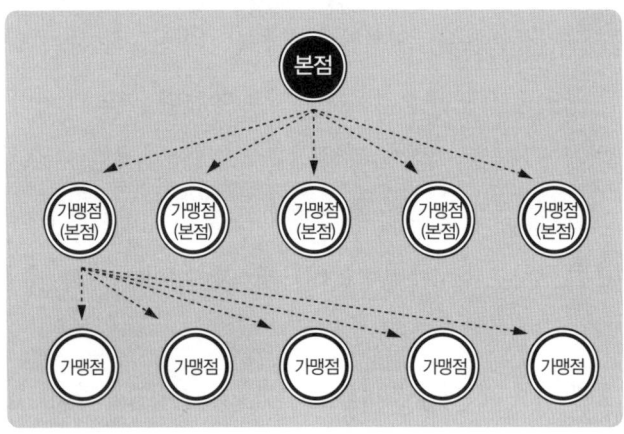

| 네트워크 마케팅 방식 |

유통시스템으로의 편입과 확장을 통해 하나의 거대한 소비자 네트워크를 형성하는 것, 그것이 바로 네트워크 마케팅의 비전이다.

앨빈 토플러는 '제3의 물결'에서 프로슈머(Prosumer = Producer+Consumer)시대가 도래할 것이라고 예측했다.

네트워크 마케팅의 회원들은 상품을 소비하면서 광고와 유통이라는 사회적 부가가치를 생산하는 프로슈머들이라고 볼 수 있다.

프로슈머는 이런 시대적 트랜드를 주도하는 유통인 네트워크 마케팅의 주역들이다.

낯선 곳에서의 아침

우리는 종종 백 가지 이론보다 한 번의 경험을 통해서 더 많은 것을 배운다.

앞에서 네트워크 마케팅에 대한 개념을 설명했지만 아직도 도대체 이 사업을 언제, 어디서 어떻게 시작하는 것이 좋을지 막막하기만 한 사람들도 있을 것이다.

김대리의 경우를 통해서 네트워크 마케팅의 실체에 다가가 보자.

다시 현실을 점검하다.

김대리는 한동안 직장생활과 과외수업, 공인중개사 시험 준비로 주말에도 좀처럼 짬이 나지 않을 만큼 바쁘게 지냈다.

회사에서 인정 받기 위해 그 사이 틈틈이 영어학원도 다니고 늦게 과외수업을 마치고 집에 돌아와서 자격증 시험 공부를 하느라 잠을 설친 날에는 다음날 지각하지 않기 위해 자명종을 서너개씩 머리맡에 놓아두곤 했다.

회사에서는 아무리 피곤해도 상사와 동료들에겐 항상 웃는 얼굴로 대했으며 자신의 업무는 빈틈없이 처리하려고 노력했다. 도저히 시간을 낼 수조차 없는 상황에서도 김대리는 과외 수업이 좀더 늘어나길 바랬으며 공인중개사 시험 준비도 소홀히 할 수 없었다. 그 결과 회사에서도 어느 정도 인정을 받기 시작했고 저축도 생각만큼 늘어나기 시작했다. 몸은 힘들었지만 곧 30평 아파트 정도는 부채 없이 장만할 수 있을 것 같은 생각이 들었다.

그러던 어느날, 고향에 계신 어머님이 허리 디스크로 긴급히 수술을 받아야 한다는 연락을 받았다. 업무를 끝내놓고 주말 과외수업 약속까지 미루고 부랴부랴 고향에 내려간 김대리는 어머님을 입원시키고 수술 수속을 밟았다. 수술은 잘 끝났지만 외아들인 김대리는 병들어 누워 계신 어머님을 홀로 두고 올라올 수가 없었다. 김대리는 간병인을 둘 생각으로 병원에 문의했다. 그러나 생각보다 턱없이 비싼 간병인 비용 때문에 김대리로서는 적잖은 부담을 져야 했다. 수술비도 만만치 않은데 간병인 비용까지 합치면 몇달의 수입이 들어갈 판이었다. 김대리는 돈이 아깝다기 보다는 부모님의 병환 앞에서 비용 때문에 전전긍긍 해야 하는 자신의 처지가 새삼 서글펐다. 할 수 없이 지방에 사시는 고모님께 연락해서 어머님을 부탁하고서야 겨우 서울로 올라올 수 있었다.

밀린 과외를 하려면 다음 주는 두 배로 더 바쁘다. 그런데 서울로 올라 온 지 며칠이 안되어 김대리는 너무 바쁜 일정과 긴장 때문이었는지 그만 극심한 몸살로 병원 신세를 지게 되었다. 의사는 과로와 스트레스로 건강상태가 좋지 않으니 당분간은 무리하지 말고 쉬라는 충고를 했다. 김대리는 힘이 쭉 빠졌다. 지난 몇 달 동안 열심히 뛰었지만 역부족이라는 생각이 들었기 때문이었다. 회사 일은 어쩔 수 없다 하더라도 건강을 위해서는 지금 하고 있는 부업을 줄이든가 그만두어야 했다. 김대리는 이제 계획을 수정해야 했다. 이제까지의 계획을 그대로 밀고 나간다고 해도 지금처럼 갑자기 신변에 변화가 생기면 뾰족한 대안이 없다는 생각이 들기 시작했다. 그나마 지금과 같은 소득을 유지만이라도 할 수 있다면 하는 생각까지 들었다.

친구로부터 사업 제안을 받고
사업설명회에 초대 받다.

그러던 중, 김대리는 오랜만에 만난 대학동창과의 술자리에서 고민을 털어놓았다. 진지하게 김대리의 고민을 듣던 친구는 조심스럽게 네트워크 마케팅사업을 제안했다. 그러나 김대리는 막연하게 네트워크 마케팅사업에 대하여 좋지 않은 선입관을 가지고 있었다. 언론에서도 좋지 않게 평가하고 있다고 반론을 제기했다. 더군다나 물건 파는 사업같아 체면 구기는 일같이 느껴졌고 적성에 맞지 않는 거라고 내심 생각했다. 그렇게 말을 하면서도 일류대를 졸업한 집안도 풍요롭고 안정적인 직장을 가진 친구가 왜 네트워크 마케팅사업을 하는지 의아했다.

이때 대기업의 기획실에 다니는 친구는 최근의 여러 신문기사를 김대리에게 보여주면서 얼마나 많은 언론이 이 사업에 대하여 호의적인지 알려주었다. 김대리는 그저 풍문으로 돌아다니는 막연한 지식만을 가지고 있었던 것이다. 친구가 차근차근 설명해 주는 얘기를 들으면서 김대리는 흥미를 느끼게 되었고 잘은 모르겠지만 친구의 말대로 자신도 사업을 할 수 있을 것만 같았다. 친구는 그 자리에서 책 한권을 건네 주었고 김대리는 다음 번 사업설명회에 함께 가 보기로 약속하였다. 그날 밤 김대리는 친구가 준 책 한권을 단숨에 읽고 더욱 더 호기심이 생겼고 친구와 함께 가기로 한 사업설명회가 기다려졌다.

회원가입 및 브랜드 체인지

일반적으로 네트워크 마케팅은 김대리의 경우처럼 주변에 있는 아는 사람들에게 소개하는 것으로 시작된다. 이때 상대방은 김대리에게 네트워크 마케팅 플랜과 제품에 대한 구전광고를 한 셈이다. 김대리는 친구의 제안에 따라 사업설명회에 참석했고 몇 명의 사업하는 사람에게 재미있는 이야기도 들었다. 김대리는 집으로 돌아와서 친구로부터 받은 자료들을 검토하기 시작했다. 회사의 재무상태와 실적, 신용도 모두 탄탄했고 사업플랜 역시 말대로만 된다면 유망한 사업이 될 거라는 판단이 섰다.

김대리는 그날 친구를 통해 회원으로 가입했다. 제품을 써 보면서 제품의 우수성에 놀랐고 이런 제품이라면 구전광고를 통해 퍼져 나갈 것이라는 확신이 생기게 되었다. 우수한 제품의 구전광고는 좋은 사업기회라는 생각이 든 것이다.

친구의 안내에 따르다.

그날 이후 김대리의 생활은 달라지기 시작했다. 회사 업무에 충실하면서도 퇴근 후엔 친구와 함께 모임에 나가고 제품에 대한 공부도 충실하게 해 나갔다. 마음 같아서는 당장이라도 친구들을 만나 사업플랜을 전하고 제품을 파는 사업이 아니라 제품을 바꿔 쓰도록 정보를 전달하는 사업이라는 것을 알리고 싶었지만, 친구는 좀 더 많은 공부를 통해서 이 사업이 어떤 것인지 먼저 알아야 하고, 자신이 왜 이 사업을 하는지에 대해서도 명확한 꿈과 비전을 갖는게 중요하다고 했다. 김대리는 친구의 안내에 따랐다. 친구가 권유하는 모임에 참석하여 보기도 하고 친구가 권하는 책과 테이프를 읽고 들었다. 일단 자세히 알아야 한다는 것이 친구의 견해였었다.

시행착오

어느 정도 사업진행에 대한 방법을 배우고 나서 김대리는 친구들에게 네트워크 마케팅사업에 관해 이야기하기 시작했다.

오랜만에 만난 친구들은 반가운 기색으로 김대리를 반겼지만 네트워크 마케팅이라는 말을 꺼내자 이내 표정이 바뀌는 듯 했다. 친구들은 김대리가 어느회사의 판매원이 되었다고 생각하였다. 대부분은 친구라는 이유 때문에 마지못해 "제품은 쓸께"라는 무성의한 대답을 했지만 김대리가 하는 일을 내심 의아해 하는 눈치였다. 이 사업을 이해하지 못했을 때의 자신의 모습을 생각하면서 웃음이 났다. 그러던 어느 날, 김대리는 대학친구의 모친상에 갔다가 최근에 작은 공장을 하다가 부도가 난 한 친구의 소식을 전해 듣게 되었다. 김대리는 그 친구의 연락처를 수소문해서 만났다. 김대리가 보기에 그 친구야말로 이 사업을 하기에 가장 적격인 사람같아 보였다. 그런데 그 친구의 반응은 예상외로 단호했다.

"나보고 피라미드 장사나 하라고? 너도 내가 망했다고

날 우습게 보는 거냐, 아무리 돈이 궁해도 그렇지 넥타이 맨 놈이 아주 사기꾼으로 나섰구나, 그런 거 다 사람 이용해 먹는거 아니냐" 등등.

김대리는 친구의 반응이 한편으론 이해가 갔지만 친구의 재기를 진심으로 바라는 자신의 순수한 마음이 매도당하는 것 같아서 안타깝기도 했다. 많은 사람들은 이 사업에 대하여 좋지 않은 생각을 갖고 있었다.

김대리는 이것이 기회라고 생각을 했다. 세상에 가장 좋은 기회는 모든 이가 좋다고 생각하는 사업이 아니라 정말 좋은 일인데 아직 남들이 잘 모르는 경우인 것이다. 모두가 호의적이라면 실제로 그곳에는 이미 기회는 지나갔는지도 모른다.

첫 번째 사업파트너가 생기다.

회원에 가입한 지 어느 새 5개월, 그동안 김대리에겐 수십명의 소비자들이 생겼지만 아직은 사업파트너가 없었다. 다른 사업자들 중에는 1개월만에 사업파트너가 생기는 사람도 있었지만 김대리는 어쩐지 저조했다. 그렇지만 김대리는 전혀 낙담하지 않았다. 비록 사업자는 아직 없지만 그동안 철저한 소비자관리로 튼튼한 소비자 네트워크가 생겼고 그것을 기반으로 김대리는 꾸준히 사람들을 만나고 다녔다. 여전히 자신을 오해하거나 거부반응을 보이는 사람들을 만나곤 했지만 그럴 때마다 김대리는 '저 사람들은 아직도 나의 진심을 모르는구나'라고 스스로 위안하며 포기하지 않고 꾸준히 사업을 진행하였다. 일시적인 추가소득을 위해 또 다시 과외자리를 구하고 언제까지 주말도 휴일도 없이 몸이 망가지도록 일해야 하는 과거로 되돌아가고 싶지 않았고, 고향에 계신 부모님과 친척 어른들께도 효도하고 싶고 언제든지 직장생활을 그만 두어도 괜찮을 만큼의 소득으로 자유로운 생활을 얻고 싶었다. 돌아보면 김대리 주변에는 그런 소박한 꿈을 가지고 있는 사람들이 많았다. 김대리는 그 사람들이 모두 잠정적인 사업파트너라고 생각했고 언젠가는 자신과 함께 네트워크 마케팅을 하게 될 것이라고 생각했다. 왜냐하면 그들에겐 다른 대안이 없다는 것을 그들 스스로가 잘 알고 있었기 때문이다.

그렇게 흔들리지 않는 믿음으로 사업을 진행한 결과 마침내 김대리에게 사업파트너가 생겼다. 그것도 동시에 두 명의 사업파트너가 나왔다. 한 명은 소비자로 있던 먼 친척 형님이었고 다른 한명은 사업 초기에 강한 거절로 김대리를 낙담시켰던 바로 그 친구였다. 그 친구는 김대리가 주고 간 한권의 책을 어느 주말에 조용히 읽은 것이다. 그리고는 나름대로 객관적으로 이 사업을 검토 했던 것이다. 두명의 사업파트너를 얻은 김대리는 더욱 자신감을 얻었고 그의 네트워크는 점점 더 성장해 나가기 시작했다.

지금까지의 김대리 경험을 요약해 보자.

1) 김대리는 과외수업과 공인중개사 시험만으로는 갑작스러운 불상사에 대비하거나 안정된 미래를 준비하는데 한계가 있다 생각하였다.
2) 그러던 중 친구로부터 네트워크 마케팅 사업을 제안 받고 설명회에 참가하였다.
3) 사업을 검토하며 제품에 대해 직접 사용해 보고 확신을 얻었다.

4) 김대리는 책과 테이프로 꾸준히 공부하며 시스템의 안내를 받았다.
5) 김대리는 사업플랜을 전하면서 시행착오를 통해 사업의 방식을 깨우쳐 나갔다.
6) 꾸준히 사업에 매진한 결과 5개월 만에 김대리는 두 명의 사업파트너를 만났고 네트워크는 성장궤도에 오르기 시작했다.

이런 일들은 이 사업을 하는 모든 사람들이 거치는 과정이다. 별로 대단할 것도 어려울 것도 없는 그런 일들인 것이다. 그저 평범한 일들의 합이 소득을 제곱으로 늘려주는 방식으로 발전하게 되었다.

모든 사업은 처음에는 모방에서 시작된다.

그렇다면 이제 김대리의 네트워크는 어느 정도로 성장해 나갈 수 있을까? 또한 구축된 네트워크 자산은 얼마만큼의 수익을 김대리에게 줄 수 있을까?

아직 시작에 불과한 김대리의 네트워크가 어느 정도의 성장 잠재력과 수익성을 가지고 있는지 살펴보자.

제3장

Money = x^2 의 시스템

TGIF
Thanks God It's Friday
—직장인—

TGIM
Thanks God It's Monday
—일중독자—

TGIT
Thanks God It's Today
—인세소득자—

제3장
Money = x^2 의 시스템

합리적인 수익구조

보너스의 원천은 절감된 광고, 유통비에서

네트워크 마케팅은 홈쇼핑과 다른 방식으로 소비자에게 보너스를 준다. 소비자에게 보너스를 주기 위해서 회사는 자신의 이익과는 별도의 수익기금이 있어야 하는데 이 수익기금을 어떻게 확보하는 것일까?

혹시 소비자에게 되돌려 주는 보너스만큼 더 비싸게 파는 것은 아닐까?

앞에서 말했지만 생필품을 직접 제조 또는 유통하는 회사는 기존의 일반적인 유통망을 이용하지 않는다. 또한 광고도 오로지 소비자들의 구전광고만을 통해 제품을 유통하는 방식을 취한다. 기존의 원가 구조에서 생산비 대 광고, 유통비의 비율이 20% 대 80%라고 할 때, 네트워크 마케팅 회사는 이 80%에 해당하는 유통비용을 가지고 운영하는 셈이다.

회원들에게는 30% 할인된 가격으로 제품을 공급하고 30%정도를 소비자 기금으로 적립하여 보너스를 지급하는 것이다.

결국 제품을 비싸게 파는 방법을 통해 기금을 마련하는 게 아니라 언론매체나 중간 유통상인들에게 지불되어야 할 비용을 별도의 소비자 기금으로 적립하는 것이다.

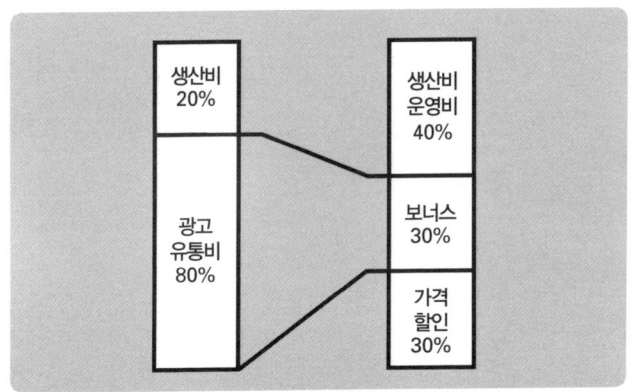

물론, 이러한 비율은 하나의 모델이고 모든 제품에 공통적으로 적용되는 것은 아니다.

이렇게 절감된 광고, 유통비를 적립한 후 소비자 매출의 30%를 회원들의 노력순에 따라 보너스로 지급한다. 매출 기여도에 따라 배분하기도 하고 남을 얼마나 많이 성공시켰는가에 따라 지급하기도 한다. 그렇다면 적립된 기금을 어떤 기준과 방식으로 회원들에게 분배할까?

합리적이고 공정한 배분의 기준

소비자에 주어지는 보너스에는 여러가지 형태가 있지만 가장 기본이 되는 것은 일차적으로 매출에 기여한 순서대로 보너스를 배분한다는 원칙을 갖고 있다. 네트워크 마케팅회사는 광범위한 네트워크로 연결된 수많은 소비자들의 매출 기여도를 객관적으로 정확하게 계산하기 위해서 일정한 원칙을 갖고있다.

각 기업들은 먼저 모든 제품에 점수를 매겨서 매출이 발생했을 때 소비점수치를 계산할 수 있도록 하였다. 그리고 이 소비점수를 몇 개의 등급으로 나누어서 각각에 어느 정도의 보너스를 배분할지를 정한 보너스 요율표를 정하고 있다. 즉 소비자가 발생시킨 소비점수치에 해당하는 보너스 요율을 적용해서 매출기여도를 계산하여 수익을 배분하는 시스템이다.

네트워크 마케팅은 구전광고에 의해서 제품 소비가 일어나기 때문에 소비자에게 돌아가는 보너스는 자신이 발생시킨 소비점수 뿐만이 아니라 자신이 소개한 사람들의 소비점수까지 합산된 점수로 계산이 된다.

즉, 나의 보너스는

> 나의 점수
> +
> 내가 소개한 사람의 점수
> +
> 내가 소개한 사람이 소개한 사람의 점수

이 모두를 합산한 점수에 해당하는 보너스를 받게 되는 것이다. 물론 이를 위해서 회사는 소비자 회원 가입시 어떤 소비자가 누구를 후원했는지에 대한 정확한 자료를 가지고 있어야만 한다. 모든 제품은 회원들만이 구매할 수 있고 회원에 가입하기 위해서는 소개한 회원의 회원번호를 적어야만 되는 시스템으로 운영되기 때문에 이는 쉽게 관리될 수 있다.

선착순이 아니라 노력순

그럼 구체적으로 어떻게 보너스가 배분되는지 보자.

할인점에서 구입하곤 했던 생필품을 선배로부터 구전광고를 듣고 네트워크 마케팅 회사로부터 직접 구입하여 사용해 본 김대리가, A와 B에게 구전광고를 하여 이들도 똑같이 김대리처럼 구입했다고 하자.

위 네사람이 각각 10만원씩 생필품을 구입했다면(물론 10만원씩 의무적으로 써야하는 것은 아니다.) 전체 소비에 대한 보너스 배분은 다음처럼 이루어진다.

위의 네 명은 할인점에서 구입하지 않고 한 네트워크회사에 40만원의 매출을 올려준 셈이다.

이 40만원의 금액은 네 명이 함께 노력한 결과이므로 수입도 함께 나누어 가진다. 그런데 이 네 명은 똑같이 10

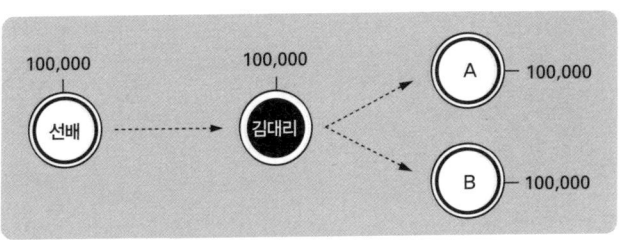

만원씩 소비했음에도 불구하고 각각 매출에 대한 기여도가 다르기 때문에 배분 받는 보너스도 다르다.

일반적으로 이 경우 사업을 먼저 시작한 선배(스폰서)가 가장 많은 보너스를 받을 것이라고 생각할 수 있다. 그러나 사업을 시작한 순서가 아닌 실제 매출 기여도를 근거로 하여 보너스를 산정하기 때문에 결과는 그렇지 않다.

먼저 사업을 시작한 스폰서라고 해서 무조건 많은 보너스를 받는 것이 아니라 노력을 많이 한 김대리가 가장 많은 보너스를 받게 된다. 김대리가 스폰서보다 더 늦게 사업을 시작했지만 더 많은 구전 광고를 했기 때문이다. 네트워크 마케팅의 소득은 선착순이 아니라 노력의 결과에 의해 결정된다.

기존의 캐쉬백 시스템은 비행기의 마일리지처럼 내가

사용한 실적만을 적립하여 돌려 받지만 네트워크 사업의 경우는 자신이 소개한 소비자의 실적에 대하여도 보상을 받으므로 캐쉬백 되는 금액의 규모는 상당히 커질 수 있다. 그리고 본인의 노력 여하에 따라 더 많은 보너스를 받을 수 있는 기회가 있다.

네트워크 마케팅 회사는 매출액을 근거로 한 보너스 외에도 일정한 성취도에 따라 자격을 부여하는 다양한 보상 플랜을 가지고 있다.

네트워크의 확장성과 소득의 특성

네트워크 마케팅에서의 첫 소득은 단지 시작에 불과하다. 중요한 것은 바로 이 첫소득이 어떻게 얼마만큼 성장할 수 있는가이다.

앞에서 우리는 네트워크 마케팅이 Money = x^2 의 소득구조를 가지고 있다고 말했다. 소득이 기하급수 증가의 법칙에 따라 폭발적으로 증가할 수 있다는 말이다.

이런 일이 어떻게 가능할까? 그 해답은 바로 네트워크의 확장원리에 숨어 있다.

네트워크의 확장과 Money = x^2 의 소득

김대리의 네트워크는 기하급수적으로 확장되어 나가는 특성을 갖고 있다. 즉 김대리가 처음에 A와 B에게 구전광고를 했듯이 A와 B도 같은 방식으로 구전광고를 해 나가면 A′와 A″, B′와 B″로 소비자 회원이 늘어난다. 다시 이들 네 명이 각각 두 명씩에게 구전광고를 전해서 회원이 될 경우 전체 회원은 8명으로 늘어난다. 하지만 이들 모두가 두 명에게만 구전광고를 하는 것은 아니다. 그러므로 그 수는 더 많이 늘어날 수 있다. 그렇게 되면 소비자 회원은 말 그대로 기하급수적으로 늘어난다.

$$1 \to 2 \to 4 \to 8 \to 16 \to 32 \to 64 \to 128 \cdots$$

과연 이러한 네트워크의 확장은 정말로 일어날까?
의문을 품는 사람도 있을 것이다.

그러나, 우수한 품질, 회원제 할인 가격, 제품이 마음에 안들 경우 무조건 반품이 가능한 100% 만족보증제도, 그리고 무엇보다도 소비자들의 구전광고에 대한 확실한 보상 플랜이 있기 때문에 얼마든지 가능한 일이다.

소비자들이 회사와 제품을 믿고 자신있게 다른 사람들에게 구전광고를 함으로써 꾸준히 소비자 네트워크를 확장시켜 나갈 수 있는 것이다. 이러한 네트워크의 확장성은 곧 Money = x^2 의 소득구조를 발생시키는 요인이라고 할 수 있다.

이제부터 김대리의 네트워크가 어떻게 성장되어 가는지 좀 더 자세히 살펴보자.

1단계 : 김대리의 바꿔 쓰기

김대리는 선배로부터 구전광고를 접하고 첫 달에 생필품 몇가지를 구입했다.

다음달 통장을 보았더니 생필품을 구입한 것에 대한 일정비율의 보너스 금액이 입금되어 있었다.

여태껏 이용하던 할인점에서 네트워크 마케팅회사로 구

매습관을 바꾸었다는 이유로 약간의 수입이 생긴 것이다. 마음에 든 김대리는 여러명의 친구에게 선배가 자신에게 했듯이 똑같이 이야기를 한다.

"이왕 구입할 제품 나한테 구입해 봐. 마음에 들거야."

소비자에게 유리한 방식이라면 친구들도 김대리처럼 동네 슈퍼마켓을 이용하지 않고 김대리를 통해서 제품을 바꿔 쓸 것이다.

김대리는 이후, 주변 사람들에게 비즈니스 플랜을 꾸준히 전달해 나갔다. 그리고 어느 정도의 노력과 시간이 쌓인 후에 몇 명의 친구를 후원하게 되었다.

2단계 : 친구들도 김대리처럼 할 것인가?

그렇다면 이번에는 본격적으로 김대리의 네트워크가 어떻게 확장되어 나가는지 살펴보자.

네트워크 마케팅은 복제사업이다.

김대리가 친구들에게 비즈니스 플랜을 전했다면 그 친구들도 똑같은 방식으로 사업을 전달해 나갈 수 있을 것이다. 친구들도 김대리와 비슷한 생각으로 주위사람들에게 알리는 순간 네트워크는 배가원리로 확장되기 시작한다.

내가 하는 것을 친구가 따라 함으로써 배가 성장이 일어나는 것이다.

즉 김대리는 사람들에게 정보를 알려주는 방법을 친구1~친구5에게 알려주고, 그 친구1~친구5가 그대로 따라하면 된다.

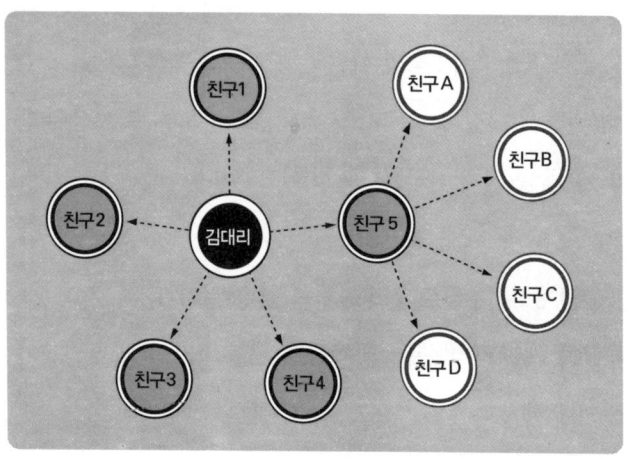

위 그림에서와 같이 김대리의 네트워크는 이제 김대리의 손을 떠나서도 배가의 원리에 의해 확장되는 구조를

가지게 되었다.

지금까지의 내용은 김대리의 네트워크 형성단계의 추이를 보여주기 위해서 단순화 시킨 하나의 사례를 들어 설명한 것이었다. 모든 회원이 반드시 이런 형태로 네트워크를 성장시켜 나가는 것은 아니지만 네트워크의 배가적 성장원리는 누구에게나 적용된다. 자연스럽게 소득은 네트워크가 유지되고 성장함에 따라 증가하기 마련이다.

이 정도의 네트워크를 구축하는데 걸리는 시간은 평균 3~5개월 정도인데 이는 일반적으로 회사에서 3~5년에 걸쳐 한 직급 상승할 때 인상되는 월급의 수준이다. 또한 이런 수입은 월급과는 전혀 다른 특성을 가지고 있다.

인세수입과 상속수입
3단계 : 인세수입

네트워크를 통한 소득은 기존의 직장인들이 받는 소득과 어떤 차이가 있는가?

김대리가 얻게 되는 수입은 직장에서 받는 한 달 월급보다 액수면에서는 더 적을지 모르지만 월급과는 전혀 다른 특성을 갖고 있다. 매달 김대리의 통장으로 들어오는 수입이라는 측면에서는 같다. 그러나 월급은 김대리가 직장을 그만두거나 어떤 이유로 일을 할 수 없게 될 때부터 더 이상 발생하지 않는 일시적인 수입이다. 반면에 네트워크가 형성된 소비자 모임에서의 추가수입은 계속적으로 발생하고 노력 여하에 따라서 점점 더 증가할 수 있는 소득이다.

김대리가 안정된 소비자 네트워크를 만들기 위해 꾸준한 노력을 했을때 시간이 지남에 따라 김대리처럼 스스로 노력하는 사람이 생겨나게 되고 이러한 소비자 네트워크는 김대리의 의지와는 상관없이 계속 확장되어 갈 것이다.

이처럼 지속적인 시간과 노력투자 없이도 반복되어 발생하는 수입을 '인세수입' 이라고 한다.

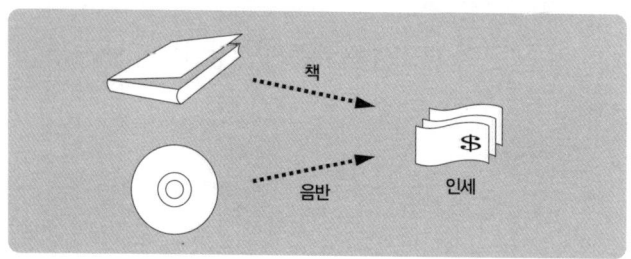

흔히 베스트셀러나 음반등이 이에 해당하는 것으로, 일시적인 수입과는 달리 지속적으로 수입이 나오는 특성을 가지고 있다.

김대리의 소득은 이미 형성된 네트워크의 안정성과 지속성에 따라 앞으로도 계속 나올 수 있는 인세수입의 성격을 갖는다.

그런데 이 소득이 지속적으로 발생할 만큼 매달 같은 수준의 소비가 일어나기 위해서는 취급품목들이 생활필수품이어야 가능하다. 생필품은 매일매일 사용하는 소모품이기 때문에 반복적으로 구매한다.

또한 우수한 품질, 저렴한 가격, 100% 만족보증과 택배가 되는 유리한 점이 있기 때문에 소비자들이 지속적으로 현명한 소비를 하게 된다. 뿐만 아니라 소비에 대해 금전적인 보상을 원칙으로 하고 있어 재구매의 가능성은 더욱 커진다. 여기에 제품의 품목이 계속 추가되고 있기때문에 회원수가 일정해도 매출의 규모는 더욱 커져간다.

또한 소비자들이 정확하게 마케팅 플랜을 이해하고 구전광고를 할 경우 회원수는 점차 증가하게 되고 네트워크도 점점 커지게 된다.

시간이 지남에 따라 수입은 계속 증가할 것이다.

김대리는 네트워크라는 사이버 건물을 짓고 이 건물로부터 매달 임대료를 받는 것과 같다.

이러한 네트워크 마케팅의 소득은 인세수입이라는 측면 외에 상속수입의 가치도 지닌다.

한번 구축된 네트워크는 그 네트워크에 시간과 노력을 투자한 개인에겐 지속적인 수익을 발생시키는 자산이 되는 셈이다.

네트워크 소유자는 건물을 자식에게 물려주듯이 네트워크를 물려주게 된다. 헤밍웨이, 엘비스 프레슬리의 자손이 부모의 인세를 받는 것과 같은 이치다.

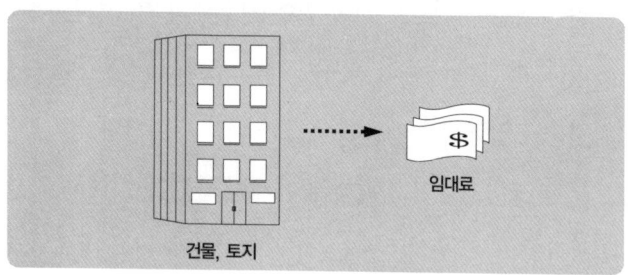

네트워크의 자산적 가치

김대리가 1년정도 소비자 네트워크를 형성해서 100여만원의 수입을 만들어 냈다고 가정해 보자.

김대리의 이 소득은 인세수입이면서 상속 가능한 수입이다. 네트워크가 지속되면 김대리의 노력에 상관없이 들어오는 소득이다.

이 소득을 단순히 100여만원의 금액으로만 본다면 그다지 큰 돈은 아니다. 어쩌면 한번에 좀 더 확실하게 큰 돈을 벌 수 있는 다른 일을 찾는 것이 더 나을 수도 있다.

하지만 김대리가 네트워크 마케팅을 시작하지 않고 계속 과외를 했다면 수입은 어떻게 됐을까? 과외비에 따라 다르겠지만 한 달 과외비가 100~150만원 정도라면 1년 수입은 채 2,000만원이 못된다. 고액과외를 한다고 해도 그 수입은 일시적일 수 밖에 없다.

김대리는 과외 대신 소비자 네트워크를 통해 1년 정도에 100여만원의 수입을 만들어 냈다. 더구나 이 100여만원은 단순한 추가수입만을 의미하는 것이 아니다. 네트워크를 통한 안정된 수입이다. 네트워크 시스템을 소유하였다는 것은 곧 네트워크라는 지렛대를 활용하여 더 폭발적으로 성장할 수 있음을 의미한다.

왜냐하면, 네트워크는 그 자체로 확장성을 가지고 있기 때문이고 이러한 확장은 김대리의 손을 떠나서도 얼마든지 가능하기 때문이다.

김대리는 이제 네트워크라는 자산을 가진 자산가가 되었다. 그렇다면 김대리가 가진 네트워크의 자산적 가치는 얼마나 될까?

여기서 100여만원이라는 수입은 네트워크를 소유함으로써 생기는 추가수익으로 매달 100여만원의 이자소득을 받는 것과 같은 이치다.

대략 3억원 정도를 은행에 예금하면 매달 100만원 정도의 이자 소득이 생긴다. 그런데 김대리가 소유한 네트워크의 자산적 가치는 3억원보다 훨씬 높다. 왜냐하면 은행의 이자율은 크게 뛰는 법이 없지만 네트워크를 통한 수입은 계속 성장하기 때문이다.

결국 김대리는 네트워크 마케팅을 통해 1년 만에 3억원 이상의 자산을 구축한 셈이다. 이 자산의 가치는 시간이 갈수록 커질 것이다.

또한 김대리가 소개한 사람들 중에서 계속 김대리와 같은 사람들이 나타나게 될 것이다. 김대리가 형성한 네트워크의 가치는 돈으로 환산할 수 없는 자산이 될 것이다.

평균 연봉이 4,000만원 이상인 소비자 네트워크를 만들었다면 약 14억원 정도의 가치가 있는 부동산을 소유한 자산가라고 볼 수 있다. 그리고 연봉 1억원 정도의 소비자 네트워크는 약 28억원 정도의 부동산을 가진 것과 같다.

2년~5년 정도 자신의 시간과 노력을 꾸준히 투자하여 위험 없이 28억원 정도의 자산을 만드는 것은 대단한 일이다.

직장인인 김대리가 저축으로 이 정도 규모의 자산을 만들려면 매월 100만원씩 55년 동안 저축을 해야 한다.

가능한 일일까?

앞에서 말했지만 네트워크의 자산은 자식에게도 그대로 상속된다. 현재 아무리 높은 직위에 있는 대기업 CEO의 자녀도 CEO자리를 얻으려면 신입사원부터 시작해야 하고, 훌륭한 변호사나 성형외과 원장, 타이거우즈나 박찬호 같은 뛰어난 운동선수도 억대 연봉을 가져다 주는 자신의 재능을 100% 자녀에게 양도할 수는 없다.

그러나 안정된 네트워크는 자식들에게 그대로 상속되며 이 자산가치는 노력에 따라, 시간이 지날수록 더욱 커질 가능성이 있다.

인터넷을 통한 전자상거래 시장의 활성화로 유리한 네트워크 비즈니스 환경은 점점 좋아지고 있다.

다음장에서는 김대리의 소비자 네트워크 즉 Money = x^2 시스템이 인터넷과 결합하면서 지렛대의 힘이 어떻게 배가되는지 알아보자.

제 4 장

인터넷을 통한 Money = x^2 시스템의 확장

나에게는 단순하지만 강한 믿음이 있다.

정보를 어떻게 수집하고

관리하며 활용하는가에 따라

사업의 성패가 좌우될 것이다.

— 빌게이츠, 생각의 속도에서 —

제4장

인터넷을 통한 Money = x^2 시스템의 확장

인터넷 혁명

세상은 변화한다.

세상에 변하지 않는 것은 "세상 모든 것은 변화한다." 라는 말 뿐이다. 최근에 우리 주위에서 일어나는 삶의 현장을 한 문장으로 표현해 본다면 역시 "세상은 변화한다." 라는 것이다.

1990년대부터 시작된 인터넷 혁명은 30년만에 세상을 바꾸어 놓았다. 바로 이 변화의 중심에 인터넷이 있다.

인터넷 혁명은 기업과 소비자의 경제활동 패턴을 뿌리채 흔들고 있으며, 지난 18세기 산업혁명에 버금가는 엄청난 충격을 주고 있다.

인터넷은 하늘과 땅이 창조된 이후 새로운 세상을 사이버상에서 창조하고 있다.

산업혁명은 경제의 터전을 밭에서 공장으로 옮겼고 인터넷 혁명은 경제의 장을 공장에서 사이버 공간으로 이동시켰다.

산업혁신을 불러온 전기가 미국 가정의 25%에 공급되는데 걸린 시간은 발명후 46년 이었다. 전화는 35년, TV는 26년 걸렸다. 그러나 인터넷은 단 7년 만에 미국 가정의 4분의 1을 파고들었다. 혁명의 위력을 말해준다.

인터넷 비즈니스 혁명의 키워드는 '가치를 만드는 재료의 변화' 다. 기존 기업의 경영혁신은 투입절감, 산출확대라는 양적인 측면에서 이뤄졌다. 그러나 인터넷시대의 부가가치는 인터넷 그 자체에서 나온다.

인터넷이 몰고온 변화

인터넷에서는 자금이 거래되고 상품이 유통된다.

여가활동도 인터넷으로 빨려 들어가고 있다. 기업과 소

비자는 상품진열대에서 만나지 않는다. 인터넷 공간에서 만난다. 국경은 의미가 없다.

은행은 자금거래를 인터넷으로 옮기고 있고 음반업체는 음악을 인터넷에 실어 소비자에게 전달하고 있다. 은행 지점을 통한 통장거래 비용(인건비 포함)은 한건당 평균 1.07달러인데 비해 인터넷 거래는 0.01달러에 불과하다. 최근 등장한 '인터넷 통장'은 기업들이 은행에 가지 않고도 서로 자금거래를 할 수 있도록 했다. 소비자들은 인터넷에서 가장 유리한 조건을 제시하는 은행을 골라 거래한다.

사이버 증권사 등장으로 기존 증권사의 입지가 흔들리고 있다.

E*트레이드등 인터넷 증권사들은 거래 수수료를 기존 업체 가격의 10%선으로 끌어내렸다.

보험사들도 고객과의 1 대 1접촉에서 탈피하고 있다. 인터넷에 상품을 전시하는 1 대 다(多) 업무형태로 옮겨가고 있다. 인터넷시대 보험상품은 '파는'게 아니라 '판매되는' 것으로 변하고 있다.

또 사이버 증권사가 보험상품을 파는 등 금융업계 영역

파괴가 활발하게 진행되고 있다.

전자상거래의 활성화는 이제 쇼핑센터의 개념마저 바꾸고 있다. 쇼핑센터는 물건을 팔고 사는 시장이 아닌 물품 반환센터로 변하고 있다. 쇼핑센터에는 상품 진열대 대신 상품 검색을 위한 컴퓨터 가판대가 등장한다. 지금의 쇼핑센터는 동네 구멍가게 규모로 줄어들 것이다. 인터넷 쇼핑 시장은 이미 폭 넓게 형성되어 있다. 아마존, E베이등 전문 사이버업체의 등장이 이를 앞당겼다.

비행기 티켓 발매는 대부분 인터넷을 통해 이루어지고 있다. 여행사를 통한 티켓 판매비용은 한 건당 평균 23달러인데 비해 인터넷 판매비용은 6달러에 불과하다. 기존 신문사들은 종이에서 벗어나 데이터 베이스 판매 사업에 나서고 있으며 신문 편집은 정보전달보다는 정보가공에 역점을 두고 있다.

문화공간도 빠른 속도로 인터넷으로 옮겨가고 있다. 인터넷에서 음악을 듣고, 영화를 보고, 책을 읽고, 게임을 즐기는 문화생활이 일반화 되고 있다. 학교의 울타리가 허물어지고 있으며 더욱 더 알찬 교육 내용이 인터넷을 통해 학생에게 전달되고 있다.

인터넷은 우리가 현재 집이나 사무실에서 운영하고 있는 근무방식에도 변화를 가져다 주고 있다.

미국에 있는 기업인의 비서는 인도에서 근무중이다. 그 비서는 인도의 일류대학을 졸업하고 고급영어와 매너를 구사하는 재원이다.

수 백달러에 불과한 월급에도 감사해하며 전화응대에서부터 서류정리와 일정관리에 이르기까지 충분히 자기 몫을 하는 비결 역시 인터넷에 있다.

미국에 있는 기업인에게 전화를 걸면 전화는 인터넷폰을 타고 머나먼 인도로 자동연결 되고 여비서는 메시지를 가공해 그의 이메일에 넣고 미팅 일정을 잡아둔다.

증가하는 인터넷 인구

100일만에 두 배씩 증가하는 인터넷인구는 기업 부의 터전이고 원천이다. 부의 터전은 현재 폭발적으로 팽창하고 있다. 그 중 우리나라의 인터넷 사용율은 세계 3위에

랭크되고 있다.

인터넷 이용률이 가장 높은 나라는 미국으로 최근 한 달동안 인터넷 접속 경험이 있다는 응답이 전체의 72%에 달했다. 62%인 캐나다가 2위, 한국은 53%로 3위에 랭크됐고, 영국과 일본이 각각 50%와 47%로 그 뒤를 이었다.

이렇듯 21세기의 모든 비즈니스는 인터넷으로 통하고 있다.

인터넷은 사회 전반의 의식구조와 생활문화를 바꾸며 문명사적인 일대 전환을 일으키고 있다. 경제 분야는 이러한 변화에 가장 민감하다. 많은 새로운 비즈니스가 인터넷을 기반으로 하여 탄생하고 있고 기존의 모든 기업활동은 인터넷을 무시하고는 결코 지속적으로 성장해 나가기 어려운 상황이다.

네트워크마케팅은 변화의 핵심에 있다.

인터넷은 생산자와 소비자를 직접 연결한다. 1920년대에 출현한 조립라인 방식이 기본적으로 생산성 혁명이라면 인터넷은 유통과 마케팅혁명이라고 할 수 있다.

네트워크 마케팅은 이러한 변화의 핵심에 서 있다. 이미 기존 오프라인 시장에서 광범위한 소비자 네트워크를 구축하고 있는 네트워크 마케팅은 시간과 공간을 넘어서는 시장범위와 빛의 속도를 가진 인터넷과 만나면서 급속하게 성장하고 있다.

김대리의 Money = x^2 시스템은 인터넷과 결합되면서 지렛대의 힘은 더욱 배가된다.

인터넷 비즈니스의 허와 실

단순한 새로움이 돈을 벌어다 주지는 않는다.

인터넷 시대의 개막과 함께 새로운 인터넷 비즈니스 모델들이 속속 등장하고 있다. 인터넷 비즈니스란 인터넷상의 사업을 통해 돈을 버는 것을 말한다. 비즈니스 모델의 좋고 나쁨은 실제로 돈을 벌 수 있는가에 의해 결정된다.

기존에는 대부분의 비즈니스 모델이 실제 돈을 벌 수 있느냐에 의해 평가되었다. 그러나 인터넷 시대가 열리면서 사람들은 일종의 집단 최면에 빠지게 되어 비즈니스 모델에 대한 환상을 갖게 되었다. 많은 사람들이 새로운 시대, 21세기에는 무엇인가 새로운 좋은 것이 등장할 것이라는 막연한 생각을 갖게 된 것이다.

'사무엘 베케트'의 연극 '고도를 기다리며(Waiting for Godot)'를 보면, 등장 인물들은 막연하게 고도를 기다린다. 고도가 오면 모든 것이 해결될 것처럼 생각한다. 하지만 그들도 고도가 누구인지는 모른다.

사람들도 새로운 세기가 열리면서 뭔가 좋은 일이 일어날 것 같이, 또는 좋은 일이 일어나야만 한다고 생각한다. 그러나 과연 좋은 일이 무엇인지는 모르기 때문에, 결국 새롭게 등장하고 급속하게 전파되는 인터넷을 새 시대의 경제적 구세주로 생각하게 되었다.

세기말과 새로운 세기의 시작이라는 시간축상의 단절감은 사람들이 이런 맹목적인 희망을 갖는데 큰 역할을 했다고 생각된다. 인터넷 비즈니스는 막연히 좋은 것이라는 최면에 빠져있는 사람들에게 비즈니스 모델의 수익성을 냉철히 판단하기를 요구하는 것은 무리다.

인터넷에 대한 최면 자체가 새로움에 대한 동경에서 출발했다고 하면, 인터넷 비즈니스 모델에 대한 판단 기준도 새로운 것, 기발한 것이 좋은 것이라는 환상을 갖기 쉽기 때문이다. 그러나 단순한 새로움이 돈을 벌어다 주지는 않는다.

충성도 높은 고객이 중요하다.

인터넷을 통해 가상공간에 접근해 오는 사람들을 대상

으로 하는 전자상거래는 돈을 벌기 위해 존재한다. 돈을 벌기 위해서는 많은 사람이 방문해야 하고 쇼핑몰에서 물건을 사 주어야 한다. 많은 광고 마케팅 비용을 들여 확보한 회원이 잠시 방문하고 제품은 사지 않거나 가끔씩 제품을 사는 뜨내기라면 회사는 많은 어려움에 직면할 것이다.

전자상거래 업체가 돈을 벌기 위해서는 여러 주 여러 달에 걸쳐 지속적으로 자기 쇼핑몰에서 제품을 구매하며 다른 사람에게 적극적으로 홍보를 해 주는 충성스러운 고객이 필요하다.

몇년 전 어느 국내 경제연구소의 한 연구원은 '인터넷 기업 회원수의 허와 실'이란 보고서를 통해 "국내 인터넷 기업의 실질 회원수는 전체 가입 회원의 20%정도이며 구매력 있는 우량 회원은 5%에 불과한 것으로 추정된다"고 밝힌 바 있다.

따라서 인터넷 비즈니스에서 성공하려면 회원 가입 노력 못지않게 충성도가 높은 '우량 회원'을 확보, 관리하는 것이 중요하다. 단순히 회원수가 많다는 사실이 사업의 성공을 보장하지는 않는다.

우량회원을 확보하기 위해서는 많은 마케팅 비용이 필요하다.

우량의 회원을 확보하고 유지하기 위해서는 많은 마케팅 비용이 필요하다.

대표적인 전자상거래 업체인 아마존을 보자. 아마존은 인터넷상에서 책을 판매하는 인터넷 서점이다. 많은 기업들은 아마존을 대표적인 전자상거래 성공사례로 평가하면서 이를 벤치 마킹하려고 노력하고 있다. 하지만 아마존이 성공하였다고 말할 수 있을까?

아마존의 성장 추이			(단위 : 백만달러)
	1996	1997	1998
매출	15.7	147.8	610
순익	-5.8	-27.6	-124.5

단위 : 백만달러, 자료 : www.amazon.com

표를보면, 아마존은 지속적으로 성장해 왔지만 물건을

팔면 팔수록 손해가 커지는 기업이다.

아마존(Amazon)이 매출액에서 차지하는 광고 마케팅 비용은 22~27%수준이고 e-Toys의 경우 무려 46~62%에 이른다. 무한경쟁의 인터넷 공간에서 아마존은 자신의 존재를 알리기 위해 많은 마케팅 비용을 지불했다. 이것이 워낙 커서 많은 적자가 발생한 것이다.

아마존이 2000년에 광고비를 높게 책정했다고 발표한 뒤 주가가 9%나 떨어졌다는 사실은 높은 광고비를 시장

| 아마존 | (단위:천달러)

	매출액	매출액순이익률	마케팅비용	매출액대비마케팅비용
97	147,787	19.5%	40,077	27.1%
98	609,819	21.9%	132,654	21.8%
99	1,639,839	17.7%	413,150	25.2%

| 이토이즈(e-toys) | (단위:천달러)

	매출액	매출액순이익률	마케팅비용	매출액대비마케팅비용
98(4/4분기)	22,910	20.6%	10,611	46.3%
99(4/4분기)	106,751	19%	66,017	61.8%

- 매출액 순이익률 = 매출 순이익/매출액
- 매출액대비 마케팅비용 = 마케팅비용/매출액

인터넷을 통한 Money = x^2 시스템의 확장

이 어떻게 평가하고 있는지를 보여준다.

순수 온라인 기업으로 출발한 아마존에게 광고비 문제 뿐만 아니라 광범위한 물류시스템을 구축하기 위한 막대한 비용도 적자의 한 요인이다.

인터넷비즈니스는 대규모 초기 투자자본, 출혈적인 가격경쟁, 살인적인 마케팅 비용문제와 함께 충성도 높은 고객의 확보문제로 돈을 벌기가 쉽지 않다.

소비자가 구전광고를 통해 회원을 확장

다른 전자상거래 사이트들은 미지의 인터넷 세계에서 새롭게 고객 기반을 만들어 내기 위해 많은 광고, 마케팅 비용을 들이기 때문에 수익을 내기가 어렵다.

그러나 네트워크 마케팅 회사가 운영하는 쇼핑몰들은 오프라인상에 이미 존재하는 소비자 네트워크를 기반으로 하여 출발하였다. 즉 이미 고객이 된 사람들과 함께 시작한 것이다.

네트워크 마케팅회사는 회원을 유치하기 위해 추가적인 광고비를 쓰지 않아도 되기 때문에 발전할 가능성이 대단히 높다.

열성적인 소비자들 주도로 구전광고가 이루어지고 그들 스스로 회원을 확대하고 매출을 발생시키는 시스템이 네트워크 마케팅이다.

캐쉬백시스템과 고객충성도

온라인 쇼핑몰은 고객의 일회성 쇼핑으로는 수지균형을 맞출 수 없다. 모든 온라인 쇼핑몰의 고민은 고객이 자기 사이트를 방문하여 쇼핑을 하게 하고 다시 방문하여 재구매 하도록 하는 것이다.

예를 들면 잡화상을 운영하는 경우에는 수지균형의 포인트를 맞추기 위해서 최소 18개월을 지속적으로 방문하게 만들어야 한다.

일단 충성도 높은 고객이 확보되면 그들을 통한 긍정적

인 구전의 효과는 가히 폭발적이다. 실제로 공구의 경우 첫 구매 이후 3명의 이웃에게 전달하는 반면, 10회 이상의 구매자는 그 이상의 사람들에게 입소문을 내고 있는 것으로 나타나고 있다.

로열티가 높은 방문자는 다른 사람들에게 해당 사이트의 전도사와 같은 역할을 하고 있음을 볼 수 있다.

캐쉬백 마케팅

이러한 고객 충성도를 확보하기 위해 등장한 것이 캐쉬백 마케팅이다. 상품 구매액의 일정비율에 해당하는 금액을 포인트로 적립해 주고 누적된 포인트를 사이버 공간에서 현금과 동일하게 사용할 수 있게 하는 제도이다.

항공사들이 비행노선에 따라 마일리지를 적립하여 탑승객들에게 무료 항공티켓을 주는 것이나 주유소에서 기름을 넣거나, 신용카드를 가지고 물건을 사도 마일리지를 적립해 주는 것이 그 대표적인 예이다.

첫번째 형태는 회원 개인 구매액의 일부를 포인트로 적

립해서 되돌려 주는 방식이다. 우리가 흔히 경험하는 주유소, 신용카드, 항공사 마일리지 등이 이에 해당한다. 쇼핑업체로는 삼성몰(samsungmall.co.kr), GS이숍(gseshop.co.kr)이 이러한 전략을 채택하고 있다.

두번째 형태는 각 쇼핑몰이 제휴하여 포인트를 서로 교환하는 방식으로 소비자 입장에서는 분산된 포인트를 한 곳에 모아준다는 장점이 있다. OK-cashbag이 이런 예이다.

세번째 형태는 자기가 구매한 실적 이외에 자기가 소개한 회원의 구매금액까지 포인트를 적립해서 보상해 주는 방식이다. 회원의 구전 노력에도 점수를 주는 것이다. 가장 강력한 보상체계인 셈이다.

네트워크 마케팅 회사들은 가장 강력한 보상시스템을 취하고 있다. 모든 제품에 대해 점수를 주고 회원 자신의 소비액 뿐만 아니라 그가 소개한 사람이 소비한 것에 대해서도 보너스를 주고 있기 때문이다.

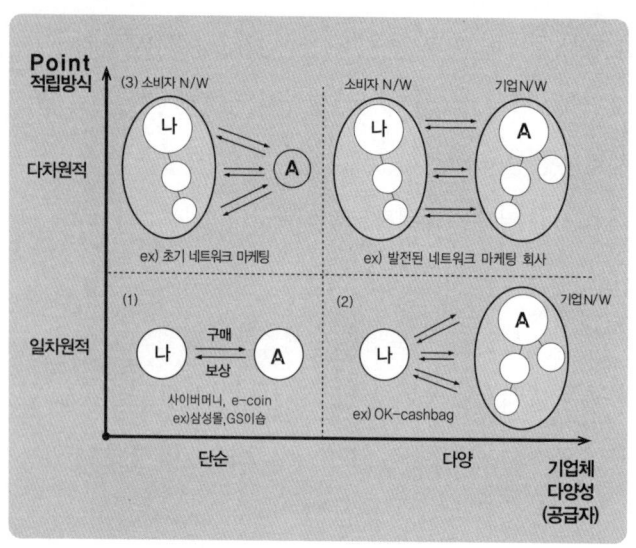

싸고 편리한 쇼핑몰을 이용하겠는가?

싸고 편리한 것은 물론이고 보너스까지 주는 쇼핑몰을 이용하겠는가?

MALL & MALL 허브사이트

컨텐츠와 네트워크 효과

고객의 충성도를 얻기 위해서는 사이트가 가지고 있는 컨텐츠의 양과 질도 대단히 중요하다.

쇼핑몰의 컨텐츠는 일단 품질이 우수하고 값싼 제품이어야 한다. 쇼핑의 편리성, 각종 서비스도 중요한 컨텐츠라 할 수 있다.

전자상거래의 경우 고객들은 구매 전에 상품을 사용해 보거나 만져볼 수 없기 때문에 애프터 서비스가 사업성공에 있어 대단히 중요하다.

형편 없는 서비스로 고객들을 괴롭히고 있는 일반 전자상거래업체와 다르게 네트워크마케팅회사와 회원들은 고객서비스와 네트워크 멤버들에 대한 성실한 애프터 서비스를 한다. 100%만족보증제도등을 포함한 광범위한 서비스 하부구조는 고객들이 안심하고 제품을 구매할 수 있도록 도와 준다.

컨텐츠가 우수하면 더 많은 소비자들이 이용을 하게 되고. 소비자가 많아지면 컨텐츠는 더욱 풍부해질 수 밖에 없다. 이를 네트워크 효과라고 한다.

쇼핑몰의 경우 소비자가 많을수록 제휴하려는 사이트도 많아지게 된다. 자신의 제품을 이미 모여 있는 많은 소비자에게 팔 수 있기 때문이다.

이로 인하여 공급자들의 수가 많아져 제품구색이 많아지면 소비자는 더욱 더 많아지게 되는 것이다.

하이테크, 하이터치 기반의 가상공동체

세상은 네트워크이다.

인간은 태어나면서부터 누군가와 일정한 관계를 맺으며 살아간다. 가족, 학교, 동창회, 동호회, 군대, 기업, 국가등 이 모두가 관계를 맺어가는 장이다.

자신이 소속된 공동체에 영향을 주기도 하고 영향을 받

기도 한다. 인간은 관계 속에서 성장해 가고 관계 속에서 자신을 실현시켜 간다. 관계를 맺는 장인 공동체는 네트워크를 기반으로 한다.

그래서 세상은 네트워크이다.

네트워크의 중심에는 사람이 있고 사람들과의 관계가 모여 사회를 이루는 것이다. 그러나 사회가 복잡해지고 인간의 이해 관심사가 다양해짐에 따라 공동체는 더욱 더 세분화 되어가고 소집단에의 참여욕구도 커져 가고 있다.

또한 대부분의 사람들은 네트워크의 폭과 깊이에 있어 한정된 범위를 넘지 못하고 있다.

인터넷에 의한 가상공동체의 출현

인터넷은 네트워크를 기반으로 하여 현실세계와 구분되는 또 하나의 새로운 가상공동체를 건설하고 있다.

누군가와 이야기 하고, 정보를 주고받고, 공동체를 구성하고자 하는 인간의 욕구를 가장 만족시키는 도구가 인터넷인 것이다.

인터넷은 새로운 수단이다.

컴퓨터와 통신망의 보급, 그리고 소프트웨어의 급격한 발전은 가상사회의 기반을 제공했다. 시간과 공간을 초월해 디지털화 된 정보를 실시간으로 커뮤니케이션 할 수 있게 되었다. 가상 사무실에서 자신이 위치한 곳과 상관없이 업무를 볼 수 있고, 멀리 떨어진 동창들끼리도 온라인 커뮤니티를 통해 생생한 소식을 주고 받을 수 있다. e-메일로 수시로 소식을 전하고, 채팅을 통해 실시간으로 다자간 대화를 할 수 있다.

사람들은 인간관계(net) 속에 살고 있고, 인터넷(Internet) 덕분에 그 인간관계의 영역과 확장속도는 무한히 늘어나게 된 것이다.

가상의 공동체 구축은 인터넷 비즈니스의 필수

인터넷을 통해 시간과 공간의 제약을 초월한 온라인 가상사회의 급격한 부상은 비즈니스 세계에 새로운 방향을 제시하고 있다.

온라인상에서 인터넷을 기반으로 비즈니스를 수행하

는 인터넷 비즈니스는 진입 초기의 어려움을 극복하고 다시 본격적인 성장국면으로 진입하기 위해 정서적, 문화적 일체감을 갖는 가상공동체를 구축하는 것이 필수적이다. 인터넷 비즈니스의 최대 성공요건이 단골 회원 확보에 달려 있기 때문이다.

인터넷은 본질적으로 관계적 공간이고 가상공간은 현실공간을 기반으로 한다. 기업은 가상 공동체를 통해 그들의 관심사를 파악하고 그들과 공감대를 형성하면서 기존 네트워크와의 관계를 재설정하고 새로운 네트워크를 구축한다. 동심원을 따라 네트워크가 커져가고 강화됨에 따라 비즈니스는 절로 성장해 간다.

이에 따라 동창회, 향우회, 동아리 등 현실사회의 각종 모임을 사이버에서 활동할 수 있게 하는 사업이 새로운 인터넷 비즈니스로 부상하고 있다. 현실공간에서 이미 '조직화' 된 커뮤니티를 유치하면 사이트를 자주 방문하는 '충실' 한 회원을 확보할 수 있을 뿐 아니라 이를 바탕으로 전자상거래 등 다양한 인터넷 비즈니스를 펼칠 수 있기 때문이다.

SK텔레콤은 홈페이지에 인맥관리를 기반으로 한 커뮤니티 기능을 갖추었다. 이 서비스로 이 회사 홈페이지는 물론 011 이동전화를 이용해서도 인맥 관리등의 서비스를 이용할 수 있게 되었다.

포털사이트인 네이버는 온네트의 커뮤니티 솔루션을 설치하여 회원들이 사이트 안에서 네이버의 다양한 정보를 검색하면서 모임 활동도 함께 펼칠 수 있게 함으로써 회원들을 단골 고객화하고 있다.

외식업체인 베니건스는 싸이월드와 제휴를 맺고 각 매장별로 동호회를 결성하는 한편 매장 매니저등 직원들이 정기적으로 동호회에 참가하여 고객의견을 수렴하고 있다.

현실공간의 모임들도 인터넷을 통하면 회원들간의 유대를 강화하고 회원수도 늘리기 쉽기 때문에 사이버 커뮤니티 구축에 잇따라 나서고 있다.

사람들에게 있어 가상공동체는 비즈니스 이전에 삶의

방식으로까지 영향을 미치고 있는 것이다.

하이테크는 하이터치를 위해 존재하며 커뮤니케이션의 필요성에 따라 발전은 계속되고 있다. 인터넷이라는 하이테크는 현실공간의 하이터치를 더욱 공고히 해 주고 지속화 시켜준다. 먼 곳에 있는 사촌보다 자주 만나고 자주 대화하는 이웃이 나은 것이다.

기업들이 비즈니스 목적으로 가상공간의 네트워크를 활용하는 것과 더불어 소비자들도 인터넷에 의해 의사소통 비용이 절감되고 이메일이나 홈페이지 등을 통해 쉽게 연합할 수 있으며 가상공동체를 구축할 수 있게 되었다. 이제 소비자들도 정서적 교감을 나누는 것을 넘어 그들이 형성한 커뮤니티를 상업적으로 연결하는 것이 용이해지고 있다.

네트워크 마케팅은 소비자 소유의 네트워크를 상업화시킨다. 기존의 네트워크 마케팅에 인터넷이라는 수단이 더해지면, 효율성과 경쟁력이 뛰어난 강력한 비즈니스 모델이 된다. 하이테크와 끈끈한 인간관계라는 하이터치의 대표적인 결합 모델인 셈이다.

사람들은 꿈을 가지고 있고, 그들이 원하는 것을 이룰 기회를 찾는다. 이제 소비자들은 구축해온 네트워크를 인터넷에 연결 시킨다. 이 새로운 모델은 온라인으로 현실공간의 소비자 네트워크를 묶어내며 사람들의 꿈을 이루어 주는 가상의 공동체이자 모선이 되는 것이다.

이제 그들은 단순한 소비자가 아니라 사업가이다. 소비자들은 경쟁력 있는 가격과 편리하고 입증된 서비스를 받아가며 소비생활을 한다. 마음에 들면 다른 사람에게 구전광고를 한다. 자신과 구전광고를 받은 자기 친구가 구매하는 수 만가지 제품과 서비스에 별도의 점수치가 있어 소비하면서 동시에 보너스를 받는다.

소비자 네트워크는 현실세계에서 끈끈한 정을 나누어 가며 동심원을 그리듯 확장되어 갈 것이다.

자동차 운전자에게 구조나 정비가 운전과 무관하듯 하

이테크는 회사에 맡기고 회원은 하이터치, 즉 "끈끈한 인간관계"에 대해서만 노력하면 된다.

우리는 새로운 관계를 만들고, 목표와 계획을 세우고, 그들의 비전을 조율하고, 도전을 극복하고, 리더쉽을 발전시켜 나간다.

하이테크를 자신의 비즈니스의 필요한 부분에 잘 활용하기만 하면 된다. 하이테크는 현실적 만남을 위해 존재하는 것으로, 더욱 중요한 것은 하이테크와 끈끈한 인간관계의 조화라고 할 수 있을 것이다.

폭발적인 비즈니스

김대리는 자신의 네트워크를 전국적으로 확장할 수 있다.

인터넷을 통해 지역의 한계를 극복할 수 있다. 인터넷을 통하면 전국의 고객을 대상으로 24시간 활동이 가능하다. 그러므로 비즈니스를 전개할 경우 사업 초기부터 전 지역의 고객을 염두에 두고 사업 활동 및 전략을 전개해 나가야 한다.

앞에서도 말했지만 네트워크 사업은 폭과 깊이의 제한 없이 무한정 확장해 나갈 수 있는 속성을 가지고 있다. 이러한 확장가능성 때문에 네트워크 마케팅은 폭발적인 성장 잠재력을 가지고 있다 .

네트워크 마케팅은 소비자가 존재하고 있는 전국 어디에서라도 자신의 사업을 전개할 수 있는 비즈니스 시스템인 것이다.

타이프와 계산기가 만나 컴퓨터가 된 것처럼, 인터넷이라는 전자적인 수단과 네트워크 마케팅이라는 가장 인간적인 휴먼 네트워크가 만났다. 두가지 수단의 장점을 살림으로써 네트워크 마케팅의 사업환경은 혁명적인 변화를 겪고 있다.

인터넷상에 가상 쇼핑몰을 개설해 다양한 유통경로를 개설하고 고객들과 직접적인 커뮤니케이션을 강화한다.

김대리는 일반적인 전자상거래에서 가장 골치 아픈 쇼핑몰 개설 및 운영, 재고확보, 결제의 신뢰성, 배송문제 등을 회사로부터 전적으로 지원 받고, 스스로는 고객에게 정보를 제공하고 사업망을 확장하는 일만 하면 된다.

이제 누구나 자신의 사이트를 가질 수 있다.

온라인과 오프라인의 인간관계를 발전시키고 자신의 쇼핑몰로 초대한다. 그들은 시간과 공간의 제약 없이 제품과 비즈니스에 접근할 수 있다.

시스템을 통해 적절한 정보를 제공받고 제공할 수 있다. 홀로 뛰는 사업이 아니라 첨단기술과 시스템의 지원을 받으며 성장하는 것이다.

김대리의 네트워크는 온라인이라는 혁명적 수단과 결합되면서 Money = x^2 의 시스템은 무한히 팽창된다.

부자들의 시스템
Money=x^2

제 5 장

결론

모든 국민은 인간으로서의

존엄과 가치를 가지며

행복을 추구할 권리를 가진다.

— 헌법 제 10조 —

가지않은 길

프로스트

노란 숲 속에 길이 두 갈래로 났었습니다.
나는 두 길을 다 가지 못하는 것을 안타깝게 생각하면서,
오랫동안 서서 한 길이 굽어 꺾여 내려간 데까지,
바라다볼 수 있는 데까지 멀리 바라다보았습니다.
그리고, 똑같이 아름다운 다른 길을 택했습니다.
그 길에는 풀이 더 있고 사람이 걸은 자취가 적어,
아마 더 걸어야 될 길이라고 나는 생각했었던 게지요.
그 길을 걸으므로, 그 길도 거의 같아질 것이지만.
그 날 아침 두 길에는
낙엽을 밟은 자취는 없었습니다.
아, 나는 다음 날을 위하여 한 길은 남겨 두었습니다.
길은 길에 연하여 끝없으므로
내가 다시 돌아올 것을 의심하면서…
훗날에 훗날에 나는 어디선가
한숨을 쉬면 이야기할 것입니다.
숲 속에 두 갈래 길이 있었다고,
나는 사람이 적게 간 길을 택하였다고,
그리고 그것 때문에 모든 것이 달라졌다고

내가 할 수 있는 일일까?

 필자는 기획실에서 사업계획을 검토하는 재무팀에서 일했다. 마케팅이라고는 단 한번의 경험도 없던 차에 네트워크 마케팅이라는 플랜을 들었다. 사업계획을 검토하는 것이 늘상 하던 일인지라 그에 대한 타당성 검토는 쉽게 할 수 있었다. 플랜은 거의 완벽하다고 생각되었다. 하지만 플랜이 완벽하다고 해서 그것이 누구나 할 수 있는 일이라고는 생각하지 않았다. 아무리 좋은 플랜이라도 나의 것이 아니라면 무슨 소용이 있겠는가? 곧바로 이 사업에 성공한 사람들의 직업을 조사해 보았다. 가정주부가 가장 많았고 대학교수, 목사, 대기업 사원, 의사, 선생님, 은행원… 모든 직업군 사람들이 이 사업을 통해서 성공을 해 나가고 있었다. 그때서야 이 일이 어떤 특별한 능력을 가진 사람들을 위한 플랜이 아니라는 것을 알 수 있었다. 연령 또한 20대에서 60대까지 다양하게 분포되어 있었다.

 회사에 처음 취직할 때도 내가 회사생활을 잘 할 수 있을까 하는 걱정이 있고 대학을 처음 들어갈 때도 비슷한 생각이 들게 마련이다. 제대로 알지도 못하고 해 보지도 않은 이 사람 저 사람의 말을 듣는 것 보다 하나 둘씩 스스로 배우면서 진행을 하다 보면 내가 할 수 있는 일일까 하는 의문이 내가 못할 이유가 없다로 바뀌어 나갈 것이다.

네트워크 마케팅의 뛰어난 사업성을 필자는 잘 알지만 독자에게 이를 강요할 수는 없다. 사업을 시작하든 알아보든 모든 것은 독자들의 몫이다. 그에 대한 결과도 여러분 스스로의 몫이다.

모든 결과는 시작이 있고 언제나 그것을 결정하는 것은 바로 나 자신이다.

거칠고 많이 다듬어지지 않은 글을 읽어주신 독자들에게 감사를 드리며, 네트워크 마케팅이 독자의 인생에 도움이 되기만을 바랄 뿐이다.

참고문헌

1. 파이프라인의 우화 | 버크헤지스 | 아름다운사회
2. 부자아빠 가난한 아빠 I, II | 로버트기요사키, 샤론헤흐트 | 황금가지
3. 카피켓마케팅 | 버크헤지스 | 아름다운사회
4. 제4의물결 | 리처드 포 | 용안미디어
5. 소유의 종말 | 제레미 리프킨 | 민음사
6. 뉴밀레니엄시대 최고의 비즈니스 | 장영 | 소호미디어
7. 캐쉬백 마케팅 | 장영 | 아름다운사회
8. 링크 | 알버트 라즐로 바라바시 | 동아시아
9. 네트워크 사회의 도래 | 나뉴얼 카스텔저 | 한울아카데미
10. 웹 혁명의 물결 | 프랭크 피터 | 현대미디어
11. 주간경제 569호 '인터넷 비즈니스 모델의 수익성을 진단한다.' 2000. 5. 3
12. 주간경제 558호 '인터넷 기업 허와 실' 2000. 2. 16

부자들의 시스템
money=x^2

2판 6쇄 펴냄 / 2021년 12월 10일

지은이 / 민성원
펴낸이 / 배동선
        마케팅부/최진균
펴낸곳 / 아름다운사회
출판등록 / 2008년 1월 15일
등록번호 / 제2008-1738호

주 소 / 서울특별시 강동구 성내로 16, 3층 303호(성내동, 동해빌딩)
대표전화 / (02)479-0023
팩 스 / (02)479-0537
E-mail / assabooks@naver.com

ISBN : 978-89-5793-135-X 03320

잘못된 책은 교환해 드립니다.

값 6,000원